품격을 높이는

글로벌매너

홍윤희 강연경 박미란 공저

GLOBAL MANNERS

Enhancing dignity

양 성 원

머리말

오늘날 우리는 일상 생활뿐 아니라 SNS 환경에서도 국경을 넘나드는 글로벌 시대에 살고 있다. 다양한 문화와 사람들이 함께 어우러지는 현대 사회에서 글로벌 매너와 에티켓은 단순한 예절을 넘어 원활한 소통과 성공적인 관계 형성을 위한 필수 요소가 되었다. 각국의 문화적 차이를 이해하고, 이를 존중하는 태도는 개인의 인성과 품격을 높일 뿐만 아니라 국제 사회에서 긍정적인 인상을 남기는 중요한 요소이다.

본서는 글로벌 매너와 문화, 생활 속 매너, 테이블 매너, 음주 매너, 커뮤니케이션 매너 등 다양한 상황에서 필요한 매너와 에티켓을 다루고 있다.

각 장에서는 매너의 기본 개념부터 실생활에서 적용할 수 있는 실질적인 팁까지 폭넓게 제공하여, 학습자들이 보다 자연스럽게 매너를 익히고 실천할 수 있도록 구성하였다.

특히, 글로벌 비즈니스 환경에서는 문화적 차이를 이해하고 상대방을 배려하는 태도는 매우 중요하다. 작은 행동 하나에도 그 사람의 인성과 태도가 반영되기 때문에, 올바른 매너를 실천하는 것은 개인의 이미지뿐만 아니라 소속된 조직이나 국가의 이미지 형성에도 영향을 미친다. 따라서 이 책은 글로벌 감각을 익혀야 하는 대학생뿐만 아니라, 국제 무대에서 활동하는 서비스 전문가에 이르기까지 참고할 수 있는 실용적인 가이드가 될 것이다.

본서를 통해 글로벌 매너와 문화를 이해하고, 이를 실생활에서 자연스럽게 실천하여 보다 성숙한 글로벌 감각을 지닌 서비스 전문가로 성장하는 데 도움이 되길 바란다. 매너는 단순한 형식이 아니라 타인을 배려하는 마음에서 비롯된다. 배려와 존중의 가치를 실천하는 것이야말로 진정한 매너의 시작임을 기억하며, 이 책이 글로벌 시대를 살고 있는 우리 모두에게 유익한 길잡이가 되길 바란다.

마지막으로 교재가 출간되기까지 자료 제공 및 도움을 주신 분들께 깊은 감사를 표한다.

저자 올림

차 례

Chapter

12 여행 매너 255

CHAPTER 01

글로벌 매너와 문화

학습목표

1. 글로벌 매너의 중요성에 대해 이해할 수 있다.
2. 이문화에 대해 이해할 수 있다.
3. 인성의 중요성에 대해 이해할 수 있다.

1. 글로벌 매너(Glonal Manner)

글로벌 IT 기업의 일본 진출 실패

글로벌 IT 기업 A사는 일본 시장에 진출하면서 대규모 투자와 마케팅을 계획했다. 그러나 일본의 주요 기업과의 첫 미팅에서 CEO가 보여 준 태도는 치명적인 실수였다. CEO는 미팅 중 일본의 비즈니스 문화를 충분히 이해하지 못한 채, 서양식 직설적이고 공격적인 협상 방식을 고수했다. 이 과정에서 일본 파트너사는 협상 중단을 선언했고, A사의 일본 진출 계획은 무산됐다. 이 사건은 일본 비즈니스 커뮤니티에 빠르게 퍼져 A사의 이미지에 큰 타격을 주었다. 이는 글로벌 비즈니스 매너를 지키지 못한 CEO의 태도가 얼마나 큰 영향을 미칠 수 있는지를 보여 주는 대표적인 사례이다.

출처: 박영실 칼럼, 글로벌 비즈니스 매너가 중요한 이유, 한경닷컴 더 라이프이스트(2024. 06. 13.).

글로벌 매너는 오늘날 우리 삶에서 필수적인 부분이 되었다.

아침에 눈을 뜨고 잠자리에 들 때까지 우리는 다양한 문화와 마주하며 살아간다. 직장에서의 상호작용뿐만 아니라, 소셜 미디어를 통한 소통에서도 우리는 서로 다른 배경을 가진 사람들과 끊임없이 접촉하고 있다. 이러한 환경 속에서, 글로벌 매너를 이해하고 실천하는 것은 상호 존중과 원활한 소통을 위한 중요한 열쇠이다.

글로벌 매너는 단순한 예절을 넘어서, 현대 사회에서 필수적인 소양으로 자리잡고 있으며 개인의 성장뿐만 아니라 더 나은 사회를 만드는 데 기여한다.

1) 글로벌 매너(Global Manner)의 개념

글로벌 매너는 다양한 문화적 배경을 가진 사람들과의 상호작용에서 요구되는 예절과 행동 양식을 의미한다. 이는 특정 문화에 국한되지 않고, 국제적인 맥락에서 타인을 존중하고 배려하는 태도를 포함한다.

글로벌 매너는 다음과 같은 요소를 포함한다.

(1) 문화적 민감성

다른 문화의 관습과 전통을 이해하고 존중하는 태도

(2) 적응력

다양한 문화적 상황에 적절하게 반응하고 행동할 수 있는 능력

(3) 의사소통 기술

문화적 차이를 고려한 효과적인 의사소통 방법

2) 글로벌 매너의 중요성

(1) 다양한 문화의 이해

다양한 문화와 관습의 이해는 국제적인 환경에서 원활하게 소통할 수 있으며 사고의 폭이 넓어져 고정관념이나 편견을 줄일 수 있다.

(2) 취업 기회 확대

글로벌 시장에서 활동하는 기업들이 증가함에 따라, 다양한 문화적 배경을 가진 사람들과 원활하게 협업할 수 있는 능력이 중요한 요소로 자리 잡고 있다. 특히 글로벌 매너와 소양을 갖춘 인재는 국제적인 비즈니스 환경에서 원활한 커뮤니케이션을 수행할 수 있으며, 이는 기업의 성공에도 긍정적인 영향을 미친다.

(3) 사회적 관계 향상

글로벌 매너를 갖추는 것은 단순히 예의를 지키는 것을 넘어, 다양한 배경을 가진 사람들과 효과적으로 관계를 형성하는 데 큰 도움이 된다. 서로의 문화와 관습을 존중하는 태도는 신뢰를 구축하는 기반이 되며, 이는 자연스럽게 네트워킹 능력을 향상시키는 데 기여한다.

(4) 자존감 향상

다양한 상황에서 적절한 행동을 취할 수 있는 능력을 갖추게 되어 개인적으로 성장할 수 있는 기회가 제공되어 자신감이 높아진다.

(5) 갈등 해결 능력

다양한 문화적 접근 방식이 문제해결에 도움을 주며, 여러 문화의 영향을 받아 새로운 아이디어와 창의적인 해결책을 도출할 수 있다.

2. 문화

SNS에서 종종 보이는 '음식 챌린지'나 '이국적인 음식 시도' 영상들이 문화적 충돌을 일으킨 사례를 종종 확인할 수 있다. 특정 음식이 다른 문화권에서 신성시되거나 중요한 의미를 지닌 경우, 그것을 단순히 재미로 시도하는 것이 해당 문화권의 사람들에게 불쾌감을 줄 수 있다.

예를 들어, 일본의 스시 먹방이 문제가 되는 이유는 문화적 맥락에서의 민감성과 예절 때문이다. 일본에서는 음식, 특히 전통 음식에 대한 존중이 중요하게 여겨진다. 스시와 같은 전통적인 일본 음식은 단순히 먹는 것이 아니라, 미학적 가치와 문화적 의미가 담겨 있는 음식이다. 하지만 일부 먹방 챌린지에서는 스시를 과하게 많이 먹거나 장난스럽게 다루는 방식으로 진행되어 음식을 소중히 여기는 일본인들에게 불쾌감을 줄 수 있고, 문화적 오해를 초래할 수 있다.

1) 문화의 정의

(1) 특정 집단이나 사회에서 공유되는 가치, 신념, 관습, 예술, 언어 등 모든 생활 양식을 포함

(2) 사회 구성원들의 사고방식과 행동을 규제하는 학습된 신념이며 관습의 총체

2) 문화의 특성

(1) 공유성(sharedity)

- 같은 집단에서 특정 문화적 요소가 공통으로 인식되고 경험되는 것

(2) 정체성(idendity)

- 개인 또는 집단이 특정 문화적 배경과 그 관계에서 자신을 인식하고 정의함
- 문화의 가치, 언어, 신념, 관습, 역사 등을 포함한다.

(3) 변동성(variability)

- 시간이 지남에 따라 변화할 수 있으며 여러 사회적 현상에 의해 변화할 수 있음
- 문화의 융합, 문화의 동화, 문화의 공존을 포함한다.

항목(요소)	공유성	정체성	변동성
정의	특정 문화 요소가 공통으로 인식되고 공유됨	개인 또는 집단이 문화적 배경에서 자아를 인식함	시간과 사회적 현상으로 변화하고 발전함
특징	문화적 요소	개인이나 집단의 자아 인식	문화적 변화의 과정
효과	연대감, 소속감 형성	개인이나 집단의 정체성 확립	문화적 적응과 발전
구성	언어, 전통, 예술, 음식	가치관, 신념, 역사적 배경	사회적, 경제적, 기술적 요인

3) 문화 상대주의(Cultural Relativism)

(1) 정의

① 각 집단의 문화의 형성과 생성 배경을 상대적으로 바라보는 태도

② 고유의 가치와 규범을 가지고 있으며 그 문화가 존재하는 사회적 · 역사적 · 환경적 맥락으로 이해한다.

(2) 특징

① 수용적 접근

특정 문화의 관습이나 신념을 비판하기보다는 그 문화를 존중하고 이해함

② 다양성 존중

전 세계의 다양한 관습, 전통, 신념을 인정하고 존중함

③ 편견 방지

자신의 문화적 배경에 따른 편견을 최소화하여 섣불리 비난하거나 도덕적 잣대로 평가하지 않음

④ 도덕적 상대주의

보편적 인권이나 도덕적 기준을 부정하는 결과를 초래할 수 있음

4) 문화 우월주의(Cultural Superiority)

(1) 정의

① 민족 중심주의의 한 형태로, 특정 문화가 다른 문화보다 우수하다는 관점에서 시작된다.

② 개인의 문화적 가치와 규범을 기준으로 다른 문화를 평가하거나 열등하게 여기는 현상을 말한다.

(2) 특징

① 우월성 주장

특정 문화가 다른 문화보다 더 발전되었거나 도덕적으로 우수하다고 여긴다.

② 타 문화의 폄하

특정 문화에 대한 부정적인 고정관념을 강화, 자신과 다른 문화나 관습을 편견과 단순화된 시각으로 바라본다.

③ 문화적 배타성

외부 문화를 받아들이거나 융합하는 것을 거부하고 자기 문화의 순수성을 강조하여 다른 문화의 교류를 거부한다.

④ 문화적 정체성과 소속감 강화

자신이 속한 문화에 대한 자부심과 애착을 가지게 되며 소속감과 연대감을 강화한다.

3. 이(異)문화의 이해

비즈니스 미팅에서의 제스처 오해

사례: 미국의 비즈니스맨이 일본의 파트너와 미팅 중 “OK”를 나타내기 위해 손가락으로 원을 만들었습니다. 그러나 일본에서는 이 제스처가 “돈”을 의미하기 때문에 상대방이 불쾌감을 느꼈습니다.

결과: 이로 인해 미팅의 분위기가 어색해지고, 신뢰 구축에 어려움을 겪었습니다.

식사예절의 차이

사례: 서양에서는 식사 중 대화가 활발하게 이루어지는 반면, 일부 아시아 문화에서는 식사 중 말을 많이 하지 않는 것이 예의로 여겨집니다. 한 서양인이 아시아 친구와 식사 중 계속 대화를 시도하자 친구가 불편해했습니다.

결과: 서로의 문화적 차이를 이해하지 못해 갈등이 생겼고, 관계가 어색해졌습니다.

눈맞춤의 의미 차이

사례: 미국에서는 눈맞춤이 자신감과 정직함을 나타내지만, 일부 아시아 문화에서는 눈맞춤을 피하는 것이 존경의 표현으로 여겨집니다. 한 미국인이 아시아인과 대화할 때 지속적으로 눈을 바라보자 상대방이 불편함을 느꼈습니다.

결과: 서로의 의도가 오해되어 대화가 원활하지 않았습니다.

인사 방식의 차이

사례: 서양에서는 악수를 통해 인사를 하는 것이 일반적이지만, 일부 중동 국가에서는 손을 대지 않고 인사하는 것이 예의입니다. 한 서양인이 중동 사람에게 손을 내밀자 상대방이 당황했습니다.

결과: 문화적 차이를 이해하지 못해 서로 불편한 상황이 발생했습니다.

1) 이(異)문화의 개념

서로 다른 문화 간의 차이와 그로 인해 발생하는 상호작용을 의미하며, 국가 간 문화 차이, 지역적 차이, 세대 간 문화 등에서 나타난다.

2) 이(異)문화 현상

(1) 문화적 다양성

이문화는 다양한 가치관, 신념, 관습, 언어, 예술 양식 등을 포함한다. 각 문화는 고유한 역사적 배경과 환경적 요인에 의해 형성되었으며 이러한 다양성을 인정하고 존중하는 것이 중요하다.

(2) 상호작용과 교류

이문화 간의 상호작용은 문화 교류를 촉진하며 이를 통해 새로운 아이디어와 관습이 전파되고, 서로의 문화를 이해하고 존중하는 기회로 삼는다.

(3) 문화 충돌

서로 다른 가치관이나 관습이 충돌할 때, 이는 문화적 긴장이나 갈등으로 이어질 수 있다.

이는 개인과 집단, 또는 국가 간의 차이에서 비롯될 수 있다.

문화 충격(Culture Shock)

미국의 인류학자 오버그(Kalervo Oberg)가 '한 사람이 새로운 다른 문화적 환경에 놓였을 때, 문화적응 과정에서 익숙해진 언어 및 비언어적 표현 방식을 상실함으로써 겪는 스트레스나 불안한 감정을 표현하는 심리적인 현상'을 표현하는 용어로 사용되어 널리 알려짐.

일시적인 현상이며 시간이 지나 새로운 문화에 적응하면 해소될 수 있음.

문화 충돌은 두 문화 간의 갈등이나 불일치에서 비롯된 갈등적인 상황을 의미하며 문화 충격은 개인이 새로운 문화에 적응하면서 겪는 심리적인 스트레스나 불편함을 의미함.

(4) 문화적 상대성

이문화는 문화적 상대성을 강조, 각 문화가 그 자체로 의미가 있으며, 다른 문화와 비교할 때 우열을 가릴 수 없다.

(5) 정체성의 형성

이문화 경험은 개인이나 집단의 정체성을 형성하는 데 중요한 역할을 한다. 다양한 문화적 배경을 경험함으로써 사람들은 자신의 정체성을 더 풍부하게 이해하고 발전시킬 수 있다.

(6) 적응과 변화

이문화에 노출된 개인이나 집단은 새로운 문화적 요소를 수용하고 적응하는 과정을 통해, 새로운 환경에 맞춰 변화하는 능력을 나타낸다.

(7) 글로벌화의 영향

정보통신 기술의 발전으로 다양한 문화가 쉽게 접할 수 있게 되면서, 이문화 경험이 일상화되고 있다.

이러한 특징들은 이문화 이해와 상호작용을 통해 서로 다른 문화 간의 조화로운 공존을 도모하는 데 중요한 요소가 된다.

3) 이(異)문화 커뮤니케이션

커뮤니케이션은 다양한 문화 간의 상호작용에서 핵심적인 역할을 한다.

각 문화는 고유한 커뮤니케이션 스타일을 가지고 있다. 일부 문화에서는 직설적인 표현을 선호하는 반면, 다른 문화에서는 간접적이고 비유적인 표현을 더 선호한다. 이러한 차이를 인식하고 적절하게 반응하지 않으면 의도와 다른 메시지가 전달되거나 오해가 발생할 수 있다.

오늘날의 글로벌화된 세계에서는 다양한 문화 배경을 가진 사람들과 상호작용할 일이 많다.

직장, 여행, 학문 등 여러 분야에서 발생하며, 문화 간의 의사 소통 능력은 필수적이다.

(1) 이(異)문화 커뮤니케이션의 정의

이(異)문화 커뮤니케이션이란 서로 다른 문화권에서 사는 사람들의 문화 · 행동 · 말의 표현 등을 이해하여 효과적으로 소통하는 과정을 말한다.

(2) 이(異)문화 커뮤니케이션의 중요성

① 글로벌화

다문화 사회, 국제적 협력, 해외 진출 기업 등 문화 간 차이를 이해하고 적응하는 데 필요한 기술이다.

② 비즈니스

다국적 기업의 증가로 인해 이문화 커뮤니케이션 능력은 필수적인 요소이다.

③ 사회적 통합

다양한 문화가 공존하는 사회에서 상호 이해와 존중이 필요하다.

(3) 이(異)문화 커뮤니케이션의 요소

① 언어

언어적 장벽은 이문화 커뮤니케이션에서 가장 큰 요소이다.

단어의 의미뿐만 아니라 뉘앙스와 발음도 중요하다.

② 비언어적 의사소통

각 문화는 비언어적(제스처, 표정, 신체 언어) 신호를 문화마다 다르게 해석할 수 있기 때문에 비언어적 차이를 잘 이해하는 것이 중요하다.

③ 문화적 가치와 신념

각 문화는 고유의 가치와 신념 체계를 가지고 있으며, 이는 의사소통 방식에 큰 영향을 미친다. 예를 들어, 개인주의 문화와 집단주의 문화 간의 차이는 의사결정 과정에서 나타난다.

(4) 이(異)문화 커뮤니케이션의 장벽

① 고정관념

특정 문화에 대한 고정관념은 오해를 초래할 수 있다.

② 언어 장벽

언어의 차이는 의사소통을 어렵게 만들며, 종종 의미 전달의 오류를 유발한다.

③ 정서적 반응

문화적 차이로 인해 감정적으로 반응할 수 있으며, 이는 갈등으로 이어질 수 있다.

(5) 이(異)문화 커뮤니케이션 개선 방안

① 문화적 인식 증진

다양한 문화에 대한 교육과 경험을 통해 상대방의 문화를 이해하려는 노력이 필요하다.

② 개방적인 태도

상대방의 의견과 문화를 존중하며, 편견 없이 접근하는 것이 중요하다.

③ 적극적인 경청

상대방의 말을 잘 듣고, 오해를 피하기 위한 질문을 하는 것이 필요하다.

(6) 이(異)문화 커뮤니케이션 전략

① 적응적 커뮤니케이션

다른 문화에 맞게 소통하는 방법(문화적 유연성, 존중)

② 문화 지능(Cultural Intelligence, CQ)

다양한 문화적 배경을 가진 사람들과 효과적으로 소통하고 협력할 수 있는 능력인 CQ의 배양

③ 피드백의 중요성

커뮤니케이션 과정에서의 열린 피드백을 통한 개선 방안을 수립

④ 문화적 역량 훈련

기업과 개인이 이문화 커뮤니케이션 능력을 향상시킬 수 있는 방법을 훈련

4. 인성과 글로벌 매너

문화적 오해

사례: 한 기업의 직원이 다른 문화에서 금기시되는 행동을 하여 현지 파트너와의 신뢰를 잃은 경우. 예를 들어, 특정 문화에서의 비속어 사용이나 개인적인 질문은 상대방에게 불쾌감을 줄 수 있다.

의사소통 실패

사례: 감정 이입이 부족한 리더가 팀원들의 의견을 무시하고 일방적으로 결정을 내리는 상황. 이로 인해 팀의 사기가 저하되고, 프로젝트의 성과가 저조해질 수 있다.

갈등 악화

사례: 인성이 부족한 개인이 갈등 상황에서 공격적인 태도를 보임으로써, 문제를 해결하기보다는 갈등을 심화시킨 경우. 이는 팀워크를 해치고, 장기적으로 조직의 성과에 부정적인 영향을 미친다.

부정적인 이미지

사례: 글로벌 행사에서 인성이 결여된 발언이나 행동으로 인해 기업이나 개인의 이미지가 손상된 경우. 예를 들어, 인종차별적 발언이나 성차별적 행동은 대중의 반발을 초래하고, 브랜드에 대한 신뢰를 잃게 만든다.

비즈니스 기회 상실

사례: 인성이 부족하여 외국 바이어와의 미팅에서 무례한 태도를 보인 결과, 중요한 계약을 잃은 경우. 이는 기업의 성장 기회를 놓치게 만들 수 있다.

1) 인성의 정의

인성(人性) 의 사전적 의미는 '사람의 성품', '각 개인이 가지는 사고와 태도 및 행동 특성'을 의미한다.

성격, 가치관, 도덕적 기준, 행동 양식 등을 포함하는 개인의 성격과 특성이며 개인의 인성은 다른 사람들과의 상호 관계에서의 태도와 행동을 결정한다. 인성은 유전적, 환경적 요인에 의해 형성되지만 경험이나 학습을 통해 변화할 수 있다.

글로벌 매너에서 인성의 역할은 매우 중요하다. 개인의 삶뿐만 아니라 사회적 관계와 글로벌 환경에서도 중요한 역할을 한다. 인성이 발달된 사람은 긍정적인 사회적 상호작용을 통해 더 나은 관계를 구축하고, 협력적인 환경을 조성할 수 있다.

2) 인성의 요소

(1) 도덕성

- 올바른 행동과 윤리에 대한 이해와 실천

(2) 정직성

- 진실을 말하고 신뢰를 구축하는 태도

(3) 공감성

- 타인의 감정을 이해하고 공감하는 능력

(4) 책임감

- 자신의 행동에 대해 책임을 지고, 결과에 대해 인식하는 태도

(5) 존중

- 타인을 존중하고, 그들의 권리와 의견을 인정하는 자세

> **인성(Personality)과 인격(Character)의 차이**
>
> 인성은 행동과 감정의 전반적인 양상을 포함하는 반면, 인격은 도덕적 특성에 집중한다. 인성은 경험과 학습에 따라 변화할 수 있지만 인격은 개인의 가치관과 윤리에 기반하여 잘 변화하지 않는다.
>
> 인성은 인격과 정신의 전제이다. 정신이나 인격 없는 인성은 있을 수 있지만, 인성 없는 정신이나 인격은 있을 수 없다.

3) 인성과 글로벌 매너

(1) 문화적 이해

인성이 뛰어난 사람은 다양한 문화적 배경을 이해하고 존중하며 이는 국제적인 관계에서 갈등을 줄이고 협력을 촉진한다.

(2) 신뢰 구축

인성이 좋은 사람은 정직하고 신뢰를 형성한다. 이는 비즈니스 및 개인 관계에서 중요한 요소로 작용한다.

(3) 의사소통

인성이 발달한 사람은 다른 사람의 감정을 이해하고 공감할 수 있어, 효과적인 의사소통이 가능하다.

(4) 갈등 해결

인성이 뛰어난 사람은 갈등 상황에서 더 나은 해결책을 제시하고, 감정을 조절하여 상황을 원만하게 이끌 수 있다.

(5) 팀워크와 협력

인성이 좋은 사람은 팀 내에서 긍정적인 분위기를 조성하고, 다른 사람들과 협력하여 목표를 달성하는 데 기여한다.

(6) 사회적 책임

글로벌 매너에서는 사회적 책임이 강조된다. 올바른 인성을 가지고 있는 사람은 정직하고 공정한 태도를 유지하여 윤리적인 결정을 내리고, 사회에 긍정적인 영향을 미치려는 노력을 한다.

인성은 글로벌 매너에서 개인의 행동과 태도를 정의하며, 이는 국제적인 관계에서 성공적인 상호작용을 위해 필수적이다. 인성을 개발하는 것은 개인의 성장뿐만 아니라, 글로벌 사회에서의 원활한 소통과 협력을 위한 중요한 요소이다.

쉬어가기

항공사 객실 승무원(Flight Attendant)의 글로벌 매너의 중요성

1. 다양한 고객 응대

승무원은 다양한 문화적 배경을 가진 승객들과 상호작용하므로, 각 문화에 맞는 적절한 매너를 이해하고 적용해야 한다.

2. 효과적인 의사소통

글로벌 매너를 이해하면 언어와 문화적 차이로 인한 오해를 줄이고, 승객과의 원활한 의사소통을 도울 수 있다.

3. 갈등 해결 능력

다양한 문화적 배경을 가진 승객 간의 갈등이나 불만을 효과적으로 해결할 수 있는 능력이 필요하다.

4. 서비스 품질 향상

글로벌 매너에 대한 이해는 승무원이 고객의 기대에 부응하는 서비스를 제공하는 데 기여한다.

5. 회사 이미지 향상

승무원의 글로벌 매너는 항공사의 전체적인 이미지에 영향을 미치며, 고객의 신뢰를 구축하는 데 중요한 역할을 한다.

6. 안전한 비행 환경 조성

승무원이 문화적 차이를 이해하고 존중함으로써, 모든 승객이 편안하고 안전하게 비행할 수 있는 환경을 조성할 수 있다.

항공 승무원에게 글로벌 매너는 단순한 예의범절을 넘어서, 고객 서비스의 질을 높이고, 안전하고 쾌적한 비행 경험을 제공하는 데 필수적인 요소이다.

CHAPTER 02

매너와 에티켓

학습목표

1. 매너의 어원, 정의, 목적, 구성요소를 이해한다.
2. 서비스 매너의 개념, 구성요소를 이해한다.
3. 에티켓의 어원과 정의에 대해 이해한다.
4. 예의범절의 개념과 동양, 서양의 차이점을 이해한다.
5. 매너와 에티켓의 차이점을 이해한다.

1. 매너

1) 매너의 어원

(1) 매너(Manner)는 'Manuarius'라는 라틴어에서 유래되었다.

(2) 'Mamuarius'는 'Manus'와 'Arius'의 복합어로 'Manus'는 영어의 hand(손)란 뜻으로 사람의 행동이나 습관을 의미하고 'Arius'는 영어의 way(방법, 방식)란 뜻으로 행동을 취하는 방법, 방식을 의미한다.

(3) 매너는 손으로 무언가를 조작하고 움직이듯이 사람이 수행하고자 하는 바를 위한 행동이나 습관을 의미한다.

(4) 매너는 타인을 향한 배려와 언행을 형식화한 것이다.

(5) 매너의 기본은 상대방을 존중하는 데 있으며 이는 상대방에게 불편이나 폐를 끼치지 않도록 배려함으로써 타인에게 편안함을 주는 행동이다.

(6) 매너는 에티켓을 외적 행동으로 표현하는 것이다.

2) 매너의 정의

사람은 사회생활을 하면서 자연스럽게 다양한 사람들과 관계를 맺으며 상대방에게 좋은 이미지를 전달하기 위해 예의범절과 매너가 필요하다.

매너(manner) 란 사람마다 가지고 있는 독특한 습관이나 몸가짐으로 다른 사람들에게 바람직한 행동으로 나타내는 방식이다.

독일의 대표적인 소설가이자 시인인 요한 볼프강 폰 괴테는 사람의 매너는 '자신의 초상화를 보여 주는 거울이다(A man's manners are a mirror in which he shows his portrait)'라고 정의했다.

즉, 매너는 삶을 살아가는 데 있어 나 자신의 품격을 보여 주는 것이다.

매너란 어렵거나 까다로운 격식이 아니라 함께 사는 사회에 필요한 것이며 늘 주변 사람들을 배려하고 상대방의 문화나 전통을 이해하며 행복한 사회를 만드는 데 꼭 필요한 요소이다.

좋은 매너는 상대방의 마음을 열어 주고 큰 힘이 되어 주어 폭넓은 인맥을 형성시켜 주며 삶 자체를 멋지게 만들어 준다.

3) 매너의 목적

(1) 매너는 타인에 대한 배려로 원활한 인간관계를 형성할 수 있다.

- 현대 사회는 인간관계의 중요성에 대한 인식이 확대되어 가고 있는 동시에 개인주의 역시 팽배해지고 있다.
- 즉, 인간관계의 중요성을 인식하고 있지만 자신에게 손해가 되거나 불편한 상황은 만들지 않으려는 경향이 두드러지고 있다는 뜻이다.
- 따라서 상대방이 나를 배려해 주기를 원하는 만큼 나도 상대방을 배려하는 마음가짐이 중요하다.
- 이런 마음가짐이 원활한 인간관계를 형성하여 우호적인 관계로 발전하게 된다.

(2) 매너는 긍정적인 이미지를 형성할 수 있다.

- 매너는 상대에 대한 존중을 행동으로 보여 주는 것이다.
- 우리는 간혹 친하고 편한 사이일수록 불쾌한 말이나 행동으로 상대방의 기분을 상하게 했던 일들이 종종 있었을 것이다.
- 하지만 가까운 사이일수록, 아니 나와 관련된 누구에게나 예의 바른 사람이 되기 위해서는 언제나 남을 존경하는 마음을 가지고 표현하는 것이 중요하다.
- 이것이 바로 매너의 기본이며 이러한 행동들이 타인에게 호감을 주는 긍정적인 이미지로 형성된다.

(3) 매너는 자기관리를 통해 자긍심을 형성할 수 있다.

- 타인을 존중하는 행동을 지속적으로 표현하고자 노력하면 인간관계에 자신감이 생기고 자기 자신을 존중하는 마음이 형성된다.

4) 매너의 구성 요소

(1) 상식 – 사람들이 보통 알고 있거나 알아야 하는 지식의 범위에서 이루어진다.

(2) 친절 – 매너는 상대방을 존중하는 마음을 외적으로 표현하는 태도이다.

(3) 이유 – 매너의 기준에는 합당한 이유가 존재한다.

2. 서비스 매너

1) 서비스 매너의 개념

(1) 서비스는 기본적으로 바른 매너를 함축하고 있으며 서비스 매너란 상대방을 존중, 배려하는 인성의 기본이다.

(2) 서비스 매너는 직장인으로 성공하기 위한 경쟁력의 원천이다.

(3) 좋은 서비스를 제공할 수 있도록 서비스 매너에 대한 인식, 수행 능력을 갖추어야 한다.

(4) 적절한 서비스 매너를 위해서는 고객과의 접접에서 이루어지는 서비스의 이해, 지식, 신뢰감을 줄 수 있는 서비스 매너의 구성 요소에 대한 이해가 필요하다.

2) 서비스 매너의 구성요소

(1) 고객에게 호감을 줄 수 있는 이미지(표정, 단정한 용모와 복장 등)

(2) 고객에게 신뢰를 줄 수 있는 바른 자세

(3) 고객에게 호감을 줄 수 있는 말씨와 의사소통 능력

(4) 고객을 위하는 경청 능력

(5) 고객을 이해하는 마음을 표현한 공감 능력

(6) 고객의 입장을 충분히 이해하는 역지사지(易地思之) 자세

(7) 고객과의 신뢰성

3. 에티켓

1) 에티켓의 어원

에티켓(Etiquette)이란 동양의 예의범절과 비슷한 개념으로 사람들이 살아가면서 사회생활을 좀 더 부드럽게 개선해 주는 친절함, 관대함, 성실함, 유머러스 등이 포함된 서로 예의를 갖추는 행위라 할 수 있다.

15세기 프랑스에 정착하였고 왕비 안 도트리시(루이 13세 부인)에 의해 궁정 예절이 발달하여 루이 14세 때 완전히 정비되었다.

프랑스에 기원을 둔 에티켓은 두 가지 어원설이 있다.

(1) 17세기 태양왕 프랑스 루이 14세가 상주하는 베르사유 궁전의 입장권과 관련이 있다는 설이다.

- 출입증 입장권의 의미인 티켓(ticket)에는 궁전 내에서 지켜야 할 예의범절이 적혀 있었다.
- 이 입장권은 귀족들의 신분을 나타내고 국왕이 주체하는 행사에 참석할 수 있는 자격을 부여하는 것으로 이후 세련된 이미지 또는 다른 사람으로부터 존경과 호감을 받는 행동 양식이 에티켓으로 변형되었다는 설이다.

(2) 루이 14세가 아름다운 베르사유 궁전에 화장실을 만들 수 없다 하여 따로 마련하지 않아 정원에 오물들이 넘쳐 정원의 보호를 위해 "꽃과 잔디를 보호하자"라고 적힌 입간판을 세웠다고 한다.

- 이것이 결국 배려의 마음이 담긴 존중하다의 의미인 '게시판' 혹은 '설명서'의 'Estiquier'의 명사형인 'Etiquette'에서 유래되었다는 설이다.

(3) 에티켓은 나폴레옹이 부활시켜 1830년 법령에 의해 공식 의전 형식이 되었다.

2) 에티켓의 정의

(1) 에티켓은 학습을 통해 곧바로 습득할 수 있는 것이 아니다.

- 사회생활을 하면서 다른 사람들의 행동을 관찰하고 책, 다중 매체 등을 꾸준히 접하며 지식을 축적하고 나의 생각과 행동을 일치하고자 하는 노력 등을 통해 몸에 익히는 것이다.

(2) 에티켓은 동서양을 막론하고 관습이 반영되거나 나라별 문화 차이로 인한 것임을 이해해야 한다.

- 인사법도 한국에서는 큰절 또는 허리를 굽히지만 서양에서는 악수나 포옹, 볼키스 등 서로 방식이 다르다.
- 음식의 재료들과 조리법도 나라별로 차이가 크다는 것은 누구나 잘 알고 있는 사실이다.

(3) 에티켓은 상식이다.

- 상식이란 사람들이 보통 알고 있거나 알아야 하는 지식, 일반적 견문과 함께 이해력, 판단력, 사리 분별 따위가 포함되는 개념이다.
- 전문적인 지식을 갖추는 것이 아니라 일상생활 속 정도에서 벗어나지 않고 살아가는 판단이란 의미이다.
- 요즘 공공장소에서 자신의 편의를 위해 다른 이에게 피해를 주는 경우를 종종 볼 수 있다.
- 상대를 먼저 생각하는 따뜻한 마음과 친절한 행동이야말로 상식의 기본이라 할 수 있다.

(4) 에티켓은 행동규범이자 약속이다.

- 법적 구속력은 없지만 사회 생활을 위해 필요한 관행, 관습을 형식화 하는 규범을 만들고 정해진 규범을 잘 지키느냐 아니냐에 따라 원만한 사회생활을 가능하도록 하는 것이 에티켓이다.

(5) 사회 생활을 원활히 하기 위한 사회적 불문율이다.

- 상대방에 대한 존중을 바탕으로 함께하는 문화를 유지하기 위한 사회적 약속이며 질서이다.

상식

강력한 중앙집권 정책으로 프랑스 절대 왕정을 최고조로 끌어올린 루이 14세는 근대 법체제의 기초를 닦았을 뿐만 아니라 지금 우리가 에티켓이라 부르는 궁정문화를 이루어 내기도 했다.

루이 14세의 베르사유 궁전 생활은 일찍부터 귀족뿐만 아니라 일반 국민들에게도 공개되었다.

특히 일요일 만찬은 누구나 볼 수 있었는데 그 중에서도 루이 14세의 삶은 계란 까먹는 모습이 우아하다고 소문이 나 구경꾼들이 매우 좋아했다고 한다.

태양왕 루이 14세
(1638년 출생~1715년 사망)

루이 14세는 구경꾼들의 기대를 충족시키고자 한번에 5개씩 먹었다고 전해진다.

루이 14세의 식탐은 대단했는데 연회가 열릴 때면 늘 폭식을 해 수프 4종류, 큰 접시의 샐러드, 꿩 두 마리, 양고기 한 접시, 빵 한 접시, 많은 종류의 과일과 삶은 계란을 먹었다고 한다.

그래서 평생 소화불량, 장염, 당뇨 등에 시달리면서도 식탐을 버리지 못한 이유는 당시 폭식이 남성미라는 시각과 일종의 쇼맨십이기도 했다고 한다.

또 서양에서는 이때까지 포크나 젓가락 같은 식사 도구가 없어 왕속도 손으로 음식을 집어먹었다.

루이 14세 시기에 이르러서 포크가 막 도입되기 시작했는데 "나는 칼과 손가락 말고는 다른 걸 사용해 본 적이 없어"라며 포크를 사용하면 남자답지 못하다고 비난하면서 손으로 마구 집어먹었다고 한다.

다만 말년에는 포크로 음식을 먹었고 곧 유럽으로 퍼지며 유행해 비로소 식사 때 손 대신 도구를 사용하는 것이 에티켓으로 자리 잡았다.

4. 예의범절

예의범절과 매너는 그 사람의 첫인상에 많은 영향을 줄 뿐만 아니라 상대방에게 호감을 줌으로써 좋은 인상으로 긍정적인 평가를 받는 데 매우 중요하다.

동양적인 의미에 예의(禮儀)는 존경의 뜻을 표하기 위하여 예(禮)로써 나타내는 말투나 몸가짐을 뜻하며 범절(凡節)이란 법도에 맞는 모든 질서나 절차를 뜻하는 것이다.

즉, 예의범절이란 일상생활에서 갖추어야 할 모든 예의와 절차를 뜻한다.

서양에서는 이를 매너와 에티켓으로 표현한다.

1) 예절(禮節)의 개념

(1) 예절은 인간이 사회적 동물이자 사회 안에서 관계를 맺는 동물이기에 반드시 지켜야 할 인간 관계의 형식이다.

(2) 예절은 형식이지만 내면이 겉으로 드러나는 것이기에 상대에게 무례하게 행동한다면 상대방과의 긍정적인 관계가 어려워질 확률이 높아진다.

- 표출방식의 차이로 상대방에게 좋지 못한 평가를 받는 일은 없어야 할 것이다.

(3) 예절은 시대와 문화에 따라 변한다.

- 미주 및 유럽 등의 서양권 예절과 우라나라를 비롯한 동양권 예절이 다른 이유도 문화의 차이 때문이다.

(4) 예절은 성별, 세대, 계층, 인종과 관계없이 항상 서로를 배려하고 존중하는 마음으로 다가갈 때 진심이 전달될 수 있다.

(5) 예절은 타고나는 것이 아니라 의식적으로 배우고 익히려는 노력이 필요하다.

① 동양 예절

에티켓에 비견되는 동양의 예(禮) 사상은 서양보다 훨씬 앞서 발달하였다.

동양 예절에서 예(禮)는 인간의 규범을 말하며 서양의 에티켓과 동일한 의미로 사용된다.

절(節)은 실천하는 행위를 말하며 서양의 매너와 비슷한 개념이다.

동양 예절은 유교사상에 기본을 두고 있다.

하지만 권력자나 상위자들이 대우를 받는 것이 일반적이고 사회적 지위가 고정된 신분차이라는 수직문화의 영향으로 갈등도 많은 양면성을 가지고 있다.

그렇지만 기본적으로 본인을 낮추고 남을 높이는 것이 예의를 갖추는 것이라 여기며 상대방을 배려하는 마음가짐을 중요시한다.

② 서양 예절

서양 예절은 기독교 정신을 바탕으로 노약자나 여성을 먼저 배려하는 행동이 몸에 배어 있다.

사람들이 서로 동등한 지위를 가지고 자율적인 결정, 창의성, 개인의 자유와 평등을 중요시하고 상대방을 존중하는 수평적인 문화가 자리 잡고 있다.

또 서양에서는 이런 행동과 규범을 법제화하는 사회 규범을 통해 서양 예절이 자리 잡았다.

5. 매너와 에티켓의 차이

1) 매너와 에티켓의 역사

매너와 에티켓의 역사에 대한 이해는 우리의 사회 상호작용과 문화적 배경을 이해하는 데 매우 중요하다.

매너와 에티켓은 서양 예절의 개념으로 고대 그리스 시대에는 매너가 계급을 구분하는 수단이 아니였으나 시간이 지나면서 귀족이라는 계급이 생겨나고 그들만의 사교모임이 만들어지면서 엄격한 행동규칙이 필요했는데 이것이 궁정예절이 되었다.

이후 귀족들만의 매너와 에티켓이 평민 중에서도 상층계층이 귀족들과 교류하면서 그들의 궁정예절을 배워야 상류층으로 신분 상승을 할 수 있다는 생각으로 습득하기 시작하였다.

2) 매너와 에티켓의 차이

현대에는 매너와 에티켓이 명확하게 구분되지 않거나 혼동되어 쓰는 경우가 많다.

매너는 예의범절 중 범절부분으로 행동방식을 의미하며 주관적인 행동양식으로 자세, 태도, 몸가짐 등으로 상대를 배려하는 마음을 행동으로 표현하는 것이다.

즉, 자의적으로 선택 가능한 인격의 표시로서 대인 관계에서 더욱 강조되는 덕목이다.

에티켓은 예의부분으로 기본적인 생활규범인 형식을 의미한다.

기본적이며 객관적으로 지켜야 할 예의 규범으로 지키지 않으면 상대에게 좋지 못한 이미지를 줄 수 있다. 또 에티켓은 '지킨다, 지키지 않는다'라고 표현되지만 매너는 '좋다, 나쁘다'로 표현된다.

즉, 남의 방문을 열거나 화장실을 이용할 때 노크를 하는 것은 에티켓에 관한 것이며 노크를 정중히 하느냐 거칠고 상대방을 불편하게 하느냐는 매너의 문제이다.

매너	에티켓
행동 방식(개인의 특성)	행동 기준(사회적 약속)
'상대방'에 관심	'나'에 관심
좋다, 나쁘다로 구분	지킨다, 지키지 않는다로 구분
국가, 문화, 관습 초월	국가, 문화, 관습 인정
주관적	객관적

6. 국가별 특별한 문화와 에티켓

1) 중국

(1) 중국은 오랜 역사와 넓은 영토, 많은 인구의 나라로 자부심이 강하고 대륙적인 기질을 가지고 있다.

(2) 개인보다는 집단의 조화를 중요시하는 삶의 철학이 있다.

(3) 일반적으로 중국인들은 한번 좋은 관계를 맺으면 끝까지 믿고 따르지만 관계가 틀어지면 관계개선이 쉽지 않다.

(4) 개인적인 우정과 신뢰를 중요시한다.

(5) 빨간색을 좋아하므로 선물 포장지는 빨간색이 적당하다.

(6) 선물을 주고받을 때 3번 정도 거절하는 것이 예의이므로 상대방이 선물을 거절하더라도 3번까지는 권하는 것이 에티켓이다.

(7) 차 혹은 전통주 선물을 좋아한다.

(8) 선물은 되도록 실용적인 것으로 한다.

(9) 벽시계, 탁상시계는 선물로 피한다.

(시계를 뜻하는 종(鍾)의 발음이 끝을 나타내는 종(終)과 비슷하기 때문이다.)

(10) 숫자 4를 싫어하며 청색과 흰색은 장례식과 연관된 색으로 피하는 것이 좋다.

(11) 인사 시 머리를 숙이지 않는다.

(12) 악수를 할 때에는 연장자나 지위가 높더라도 머리를 숙이지 않고 한 손으로 한다.

2) 일본

(1) 예의 바르고 친절하며 질서를 잘 지키는 민족이다.

(2) 상대에 대한 배려가 많고 인내, 예절, 겸손을 대단히 중요하게 생각한다.

(3) 시간을 잘 지키는 것을 최대의 미덕으로 여겨 약속 시간을 엄수한다.
(부득이 늦게 될 경우 상대에게 양해를 구하고 다시 조율하는 것이 좋다.)

(4) 누구에게나 경어를 사용하는 것이 일반화되어 있다.

(5) 일본에서는 명함을 중요하게 생각하므로 소중히 여기고 명함을 주고받는 일이 흔하므로 명함을 넉넉히 준비한다.

(6) 계단이나 에스컬레이터, 복도 등에서는 왼쪽으로 서거나 걷는다.(좌측통행)

(7) 일본인들은 숫자 4와 9를 싫어한다.

(8) 일본인들도 선물을 받을 때 2번 정도 사양하는데 이는 풍습으로 선물을 받을 생각이 없다고 오해하면 안된다.

(9) 손수건은 금기 선물로 절연을 의미한다.

(10) 개인의 신상에 대한 질문은 하지 않는다.

3) 홍콩

(1) 선물은 짝수로 한다.

(2) 어깨에 손을 얹거나 포옹은 피해야 한다.

(3) 대중교통이나 에스컬레이터 이용 시 질서를 중요하게 생각한다.

(4) 사찰 등의 종교적 장소나 사적인 공간은 사진촬영이 금지된 곳이 많으니 주의해야 한다.

4) 인도

(1) 왼손은 부정한 손으로 여기므로 음식을 먹거나 물건을 건넬 때에는 오른손을 사용한다.

(2) 가족관계에 관심을 표현하는 것을 예의라 생각한다.(친근감의 표현)

(3) 신체 부위 중 머리를 굉장히 중요하게 생각하기에 아이들의 머리를 쓰다듬거나 머리를 긁적이는 행동은 삼가야 한다.

5) 베트남

(1) 자존심이 세고 자부심이 강한 나라이며 주변 국가에 비해 유교사상이 강하다.

(2) 상대에게 나이를 자주 물어보는데 친밀감을 형성하기 위해서이다.

(3) 숫자 3, 5를 싫어하므로 중요한 일정 이나 이사 날은 3, 5가 들어간 날짜는 피한다.

(4) 어깨를 신성시하기에 상대의 어깨를 함부로 건드리지 않는다.

(5) 술은 첨잔 문화이다.

(6) 악수할 때 반드시 오른손으로 해야 한다.(왼손은 무시한다고 생각)

(7) 식사 시 양손 사용
(한 손에는 숟가락을, 다른 손으로는 젓가락을 들고 먹는 것이 일반적이다.)

(8) '고무줄 같은 시간'이라는 말이 있을 정도로 시간 약속에 관대해 정확히 지키지 않는 경우가 다반사이므로 상대가 늦더라도 재촉하거나 화내지 않는다.

6) 영국

(1) '신사의 나라'라고 불릴 정도로 전통과 질서, 복장 등이 까다롭다.

(2) 영국인들은 대체로 온화하고 언쟁을 싫어하며 질서를 잘 지키는 느긋함을 가지고 있다.

(3) 문을 열고 들어가거나 나올 때 항상 뒤를 돌아보고 사람이 있으면 문을 잡아 주어야 한다.

(4) 실내에서 우산을 펴거나 사다리 밑을 지나가는 것은 불길한 징조로 생각하므로 조심해야 한다.

(5) 길에서 침 뱉는 행위는 금물이다.

7) 프랑스

(1) 18세기까지만 해도 유럽의 중심으로 자리 잡고 있었고 영국과 독일에 대해서는 우월의식, 열등의식이 복합적으로 내재되어 있으므로 이에 대한 화제는 피하는 것이 좋다.

(2) 남녀평등 사상이 강하다.

(3) 외국인들이 영어보다 프랑스어를 사용하는 것을 좋아한다.

(4) 남의 물건을 함부로 만지는 것을 대단한 실례라고 생각한다.

(5) 개인 사생활을 중시하므로 사적인 질문이나 종교, 정치와 같은 주제로 대화하는 것을 피한다.

8) 이탈리아

(1) 낙천적인 기질과 다혈질적인 국민성, 대가족 제도 등이 특징이다.

(2) 지역적 특색이 강해 고향과 가족 간의 결속이 강하다.

(3) 외면을 중시하는 경향이 강해 옷차림을 매우 중요하게 생각한다.

(4) 몸동작이 지나칠 정도로 크고 다양하다.
(이탈리아인들과 대화 시에는 화려한 동작을 하는 것이 상대를 편하게 하는 방법이다.)

(5) 낮잠을 자는 습관이 있어 오후 4시 이후의 방문은 삼가야 한다.

(6) 프랑스와 관련된 주제는 좋아하지 않으므로 주의한다.

9) 미국

(1) 유럽의 가치관을 기초로 좀 더 개방적이고 자유주의적인 문화이다.

(2) 실용주의, 평등의식이 강하고 약속과 개인 사생활을 중요시하는 나라이다.

(3) 줄서기가 생활화되어 있으므로 잘 지켜야 한다.

(4) 남성은 실내에서 모자를 쓰지 않는다.

(5) 미국은 총기 소지가 자유로우므로 위험한 상황이 생길 수 있다.
만약 경찰에게 적발된 경우 손을 주머니에 넣거나 움직이면 총기 사용 의도로 오해 받을 수 있으므로 손은 움직이지 않도록 한다.

(6) 팁 문화가 발달된 나라이므로 잊지 않고 상황에 맞게 지불한다.

(7) 실수로 남에게 피해를 주거나 몸이 부딪쳤을 경우 반드시 사과해야 한다.

(8) 집에 초대를 받으면 과일, 꽃, 책 등을 선물해 주는 것이 일반적이다.

(9) 기쁨이나 즐거움 등의 표현은 큰 리액션이 좋다.

10) 캐나다

(1) 시간 약속 없이 방문하는 것은 에티켓이 아니므로 짧은 시간 방문이라도 꼭 사전에 약속을 구해야 한다.

(2) 집에 들어갈 때는 신발을 신고 들어가야 하는데 현관에 깔려 있는 매트에 신발을 털고 들어간다.

(3) 닫혀 있는 문에 노크하는 것은 실례이므로 닫힌 화장실 문에 노크하지 않도록 주의한다.

(4) 대화 시 지속적으로 눈 맞추는 것은 실례이며 다른 사람의 물건을 뚫어져라 쳐다보는 것도 예의가 아니다.

(5) 개인의 사생활 질문은 피해야 한다.

(6) 공공장소에서 머리를 빗는다거나 화장을 고치는 것도 주의해야 한다.

(7) 사람을 손가락으로 가리키는 것은 상당한 무례로 여긴다.

(8) 굉장한 애국심의 민족이므로 미국과의 비교는 피해야 한다.

11) 브라질

(1) 처음 보자마자 영어나 스페인어 사용은 실례이다.

(2) 축구, 가족, 음악의 주제로 대화하는 것을 좋아한다.

(3) 정치, 종교, 빈곤의 주제나 이웃나라

아르헨티나는 언급하지 않는 것이 좋다.

(4) 식사 중 대화를 잘 하지 않으며 식기 소리도 잘 내지 않는다.

12) 사우디아라비아

(1) 왼손은 부정하기에 악수나 식사 시 오른손을 사용한다.

(2) 알라신 외에는 고개 숙일 일이 없으므로 인사는 주로 악수로 한다.

(3) 보수적인 국가이므로 복장에 특히 주의해야 하는데 남성은 긴 바지와 긴 소매 셔츠, 여성은 몸을 가리는 의상을 선택해야 한다.

(4) 남녀 간의 접촉을 제한하는 문화를 가지고 있으므로 남성과 여성이 공공장소에서 너무 친밀한 접촉을 하거나 가족이 아닌데 손을 내미는 행동은 하지 않는 것이 좋다.

(5) 발끝을 보이는 것은 실례이고 하품 역시 실례이다.

CHAPTER 03

생활 매너

학습목표

1. 일상 생활에서의 기본 매너와 에티켓을 이해한다.
2. 공공 장소에서의 기본 매너와 에티켓을 이해한다.
3. 교통수단 이용 시 기본 매너와 에티켓을 이해한다.
4. 반려동물 관련 기본 매너와 에티켓을 이해한다.

1. 일상생활 매너

1) 결혼식

(1) 청첩장

결혼식 전 식사 대접을 하며 청첩장을 주는 세대에서, 모바일 청첩장을 전달하는 세대로 변화되었다. 청첩장을 주는 것은 중요한 개인사를 함께하자는 의미로, 청첩장을 받으면 즉시 축하의 인사를 건네고 참석여부를 이야기해 주는 것이 예의이다. 보통 청첩장을 전달하는 시기는 결혼일

기준으로 한 달 전이나 적어도 2주 전에 하여 소중한 지인이 참석해 주길 바라는 마음이 전달될 수 있도록 한다.

또한 초대받았는데 부득이하게 참석하지 못하는 경우라면 꼭 연락하여 사정을 말하고 미리 축하할 수 있도록 하는 것이 바람직하다.

(2) 축의금

축의금은 홀수 단위, 5단위로 내도록 한다. 음양오행에 따르면 예로부터 홀수는 '길'을 짝수는 '흉'을 의미해서 홀수 단위로 낸다고 한다. 10만 원, 20만 원, 30만 원, 50만 원 단위는 짝수이지만 7과 3이 결합한 꽉 찬 숫자여서 예외라고 한다.

최근에는 자동이체 등 현금으로 축의를 하는 일이 줄었지만, 결혼식은 부부의 새출발을 의미하므로 신권을 준비하는 것도 좋다.

축의금 봉투 뒷면 하단에 본인의 소속과 이름을 세로로 적고, 방명록에도 이름을 적는다.

(3) 복장

예전에는 재킷을 착용하는 정장을 선호하였으나, 요즘에는 셔츠, 슬랙스, 블라우스, 원피스 등 깔끔한 오피스룩으로 단정하고 격식을 갖춘 복장을 착용하는 추세이다. 다만 하얀 웨딩드레스를 입은 신부가 더욱 아름답고 돋보이게 하기 위해서 흰색 계열의 옷은 자제하는 것이 좋다. 그렇다고 흰색이 아닌 형광색 또는 현란한 색상이 많은 의상이나 지나치게 편안하거나 노출이 과한 의상도 피하는 것이 좋다. 흰색 의상을 피하기 위해 올블랙으로 하는 것 또한 어두운 분위기를 연출할 수 있으니, 따뜻한 분위기에 무난한 색상의 복장을 준비하는 것이 좋다.

(4) 예식장

식이 시작하기 최소 30분 전에 도착하여, 신랑/신부 및 부모님, 지인과 인사를 나누고 사진을 찍는 것이 좋다. 신랑/신부가 도착하기도 전 너무 일찍 도착하는 것 또한 방해가 될 수 있으니, 적당한 시간에 도착하도록 한다.

식장 내 착석은 입구기준 신랑 측은 왼쪽, 신부 측은 오른쪽이 일반적이다. 하지만 꼭 신랑, 신부를 구분하여 착석할 필요는 없고, 빈자리에 지인들과 앉으면 된다.

예식 중에는 휴대폰은 무음 또는 진동으로 해 놓도록 하고, 예식에 방해가 되지 않도록 큰 소리로 이야기하는 것은 삼가야 한다. 그리고 예식이 끝날 때까지 새로운 시작을 서약하는 신랑, 신부를 위하여 자리를 지키고 축하해 주도록 한다.

연회장에서는 신랑, 신부의 과거사나 험담은 하지 않도록 하며, 본식은 참석하지 않은 채 식사만 하는 것은 결례가 될 수 있다.

2) 조문

(1) 조위금(조의금, 부의금)

봉투 앞면에 '근조' 혹은 '부의'라고 적고, 뒷면에는 조문객의 소속 및 이름을 적는다.

(2) 복장

① 검정색 정장이 가장 알맞다. 상황이 여의치 않을 경우 재킷을 착용한 무채색 계열의 옷을 착용하는 것이 좋다.

② 화장은 화려하지 않게 하고, 액세서리 또한 과하지 않고 단정하게 착용한다.

③ 맨발로 가는 것은 실례이기에, 복장과 비슷한 계열의 양말 혹은 스타킹을 착용한다.

(3) 조문 시

① 빈소에 들어가면 먼저 상주와 가볍게 목례를 한다.

② 예를 행할 때는 본인의 종교를 고려하여 행한다.

③ 분향을 할 경우에는 향(1개 혹은 3개)을 꺼내어 불을 붙인 후, 왼손으로 흔들어서 끄고, 오른손으로 향을 잡아 향로에 꽂는다. 영정을 바라보고 큰절을 두 번 한다.

④ 헌화를 할 경우에는 오른손으로 꽃의 줄기를 잡고 꽃송이가 나를 바라보게 하여 놓는다.

⑤ 종교에 따라 기도나 묵념을 한다.

⑥ 상주와 맞절을 하고 간단히 대화를 나눈 후 나온다.

3) 사무실

사람인에서 기업이 가장 뽑고 싶은 신입사원 유형에 대해 설문 조사를 하였다. 결과로는 "제갈공명형-문제해결력이 뛰어난 유형"이 3위(11.8%), "전문가형-직무 경험과 지식이 많은 유형"이 2위(15.9%), "바른생활형-태도가 좋고 예의가 바른 유형"이 1위(50.3%)로 선정되었다. 아직까지 신입사원을 포함한 직장인들에게 요구되는 가장 큰 덕목은 바른생활형의 성실성을 강조하고 있다.

(1) 출근할 때

① 최소한 근무 시작 10분 전에는 도착하도록 한다. 정시 출근 정시 퇴근을 주장한다 할지라도, 완벽히 정확한 시간에 출근을 한다는 것은 어려운 일임에 틀림없다. 약 10분 전에 도착하여 업무를 준비하는 것은 업무 시작 전 나 자신에 대한 워밍업을 할 수 있는 시간이 될 수 있다.

② 많은 기업에서 딱딱한 정장보다는 자율복을 선호하고 있다. 알 만한 대기업에서도 언젠가부터 비즈니스 캐주얼 혹은 자율복을 권하고 있는 실정이다. 그렇다 하여도 여기서 기억해야 할 것은 정장에 넥타이 등으로 불편함을 느끼는 복장보다는 조금 더 자유스러운 복장으로 몸과 마음을 편안하고 여유롭게 만들라는 의미가 숨어 있다는 것이다. 이러한 의미로 생각해 본다면, 트레이닝복이나 등산복 등의 자율복이 아닌 편안함을 느낄 수 있지만 적당한 단정함을 포함한 복장을 권장한다.

③ 출근하면서 만나는 직원들에게는 먼저 인사를 한다.

(2) 자리를 비울 경우

① 근무 시간에는 가급적 자리를 비우지 않도록 하는 것이 바람직하다.

② 회의나 손님 방문으로 자리를 비울 경우에는 행선지와 비우는 목적, 돌아올 시간 등을 선임에게 미리 알리는 것이 좋다.

③ 교육이나 출장과 같이 장기간 자리를 비우는 경우에는 협업을 하는 관련자들에게 미리 안내를 하고, 전화는 대리인에게 착신해 두고, 부재중 이메일 회신도 미리 예약해 둔다.

(3) 사내에서 이동 시

① 복도나 계단에서는 우측통행을 한다.

② 이동 시 직원들과 마주칠 경우에는 가볍게 목례와 눈인사를 한다.

③ 외부 손님을 마주쳤을 때는 먼저 다가가 도움을 드릴 수 있도록 한다.

(4) 퇴근할 때

① 퇴근 준비를 근무시간에 하는 것은 바람직하지 않다.

② 오늘 한 일과 내일 할 일에 대하여 정리한다.

③ 책상 위와 내 자리 주변은 정리한다.

④ 상사나 동료에게 인사를 한다.

2. 공공장소 매너

1) 휴대전화 사용

휴대전화는 연락을 유지하고 사회와 연결되어 손가락만으로도 세상의 정보에 접근이 용이하도록 해 주는 우리 일상의 중요한 부분이 되었다. 그러나 이러한 편리함으로 인해 휴대전화를 손에서 내려놓지 못하는 우리의 행동이 공공 공간에서는 타인에게 불쾌감이나 불편함을 줄 수 있다. 이러한 영향에 대하여 고민해 보고 타인을 배려하는 방법을 찾아본다.

① 이어폰 없이 큰 소리로 말하거나 음악을 재생하는 것은 자제한다.

② 근래에는 이어폰을 꽂고 통화를 하여 본인의 목소리 크기를 파악하지 못하는 경우가 종종 있다. 지하철이나 버스와 같은 대중교통을 이용할 경우에는 가급적 통화는 자제하고, 필요한 경우 이어폰을 꽂은 채가 아닌 직접 기계를

이용하여 주변 사람에게 피해가 되지 않을 정도의 크기로 간단히 통화한다.

③ 휴대전화의 보급으로 사진이나 동영상을 찍는 일이 생활화 되었다. 언제 어디서나 내가 원하는 풍경이나 나를 카메라에 담는 것은 기록용으로 아주 좋은 방법이다. 하지만 프라이버시를 중요하게 생각하는 시대인만큼 주변의 낯선 사람에게는 개인의 프라이버시를 침해당했다고 생각할 수 있게 하는 일이다.

④ 회의나 사교활동 중에는 과도한 휴대전화 사용을 자제하는 것이 좋다. 이는 주변 사람들과 사귀고 있는 순간을 중요하게 생각하는 것을 의미하여 함께 하는 이들에 대한 존중과 배려를 보여 준다.

2) 흡연

우리나라는 1995년 이후 금연 구역 설치를 시작으로 대대적인 금연 정책을 시행하기 시작하였다. 담배 가격을 인상하고 금역 구역을 지정하는 등 국민들의 금연 생활화를 위하여 많은 제도들이 만들어지기 시작했다.

① 담배는 반드시 흡연 구역에서만 피운다.

② 흡연 구역일지라도 상대방에게 반드시 양해를 구한다.

③ 도로에서 걸어 다니면서 담배를 피우게 되면, 행인들에게 담배 연기가 날릴 수 있으니 흡연이 가능한 도보에서는 행인에게 담배연기가 미치지 않는 위치에서 정지하여 담배를 피우도록 한다.

④ 담배를 피운 후, 꽁초는 반드시 휴지통에 버린다.

⑤ 흡연 직후, 좁은 공간에 들어가게 되면 남은 담배 냄새가 주변 사람들에게 영향을 미칠 수 있기에, 잠깐의 시간 동안 담배 냄새가 사라질 수 있도록 기다린다. 이후 향수 등을 사용하여 담배 냄새를 가리는 것이 좋다.

⑥ 전자담배의 경우에도 연초와 동일한 성분의 제품이기에 실내에서의 흡연은 자제하고, 특히 어린이가 있는 경우에는 연초와 동일하게 취급하여 주의를 기울이는 것이 바람직하다.

3) 산책로, 공원 등

공공장소(公共場所)는 사회의 여러 사람 또는 여러 단체에 공동으로 속하거나 이용되는 곳을 의미한다. 보도를 포함한 도로, 광장, 공원, 해변 등을 보통 공공장소로 간주하고, 특정 인물만 이용할 수 있는 것이 아닌 평범한 모든 사람이 사용 가능한 곳을 통틀어 가리킨다. 이렇듯 여러 사람이 공동으로 사용하는 곳을 의미하기에 공공장소에서 통용되는 기본적인 매너와 질서가 필요하다. 타인을 고려하지 않고 원하는 대로 하는 행동은 타인에게 무례를 범하는 것이고, 더 나아가 피해를 입히는 일임을 명심하여 상황이나 공공장소에 알맞은 매너 있는 행동을 해야 할 필요가 있다. 더불어 어떤 경우에서도 나보다 우리를 우선적으로 생각하면서 상대방에게 피해를 끼치거나 결례가 되지 않도록 세심한 배려와 양보가 필요하다는 점을 명심해야 한다.

4) 도서관

도서관을 이용하는 동안 주위 사람들의 행동 때문에 신경이 쓰여 공부에 방해를 받았던 적은 누구나 한번 정도 있는 경험이다. 물론 아주 예민한 사람들은 사프나 볼펜 소리에도 신경 쓰인다고 한다.

많은 사람들이 함께 이용하는 도서관에서 지켜야 할 매너에 대하여 알아보자.

(1) 가방은 제자리에 둔다.

도서관은 1인 1석이 기본이다. 본인의 자리에 가방을 두지 않고 옆자리 의자에 올려놓는 경우가 종종 있다. 이런 경우 다른 이용자가 좌석 착석에 불편함을 느낄 수 있으니 주의한다.

(2) 도서관 내에서 취식 금지

공부에 열중하다 보면 쉽게 허기가 지는 경우가 많다. 이때 냄새나는 음식이나 소리가 나는 간식을 먹게 된다면 주변 이용자들에게 피해를 줄 수 있다. 특히 부스럭거리는 소리와 음식을 먹을 때 발생하는 소리 등은 도서관 내 다른 사람들에게 큰 방해가 될 수 있음을 명심한다.

(3) 휴대전화 이용은 금물

도서관만이 아닌 모든 공공장소에서 공통적으로 지켜야 하는 매너이다. 휴대전화의 벨소리는 진동이나 무음으로 바꿔야 함에도 이를 잊고 종종 곤욕을 치르는 경우가 발생한다. 나도 모르는 사이에 벨소리가 들리는 경우 무척 당혹스러울 수 있으니 도서관 출입과 동시에 휴대전화는 무음 혹은 진동으로 변동해 두는 것이 바람직하다.

3. 교통 매너

도보를 포함한 교통수단은 시간이 지남에 따라 발전하고 있다. 다양한 교통수단이 생기면서 이에 따른 불편함을 호소하는 일도 빈번해지고 있다. 보도를 포함한 도로, 광장, 공원 해변 등은 공공장소로도 구분이 되어 있기 때문에 타인에 대한 배려는 당연한 일인지도 모른다. 이에 각각의 교통수단에 대한 알맞은 매너와 에티켓은 무엇인지 알아본다.

1) 거리 매너

외부활동을 하다 보면, 도보 혹은 운전을 하며 이동을 하는 경우가 많다. 이때 사람들이 서로 마주치고 지나가는 곳이 도로이다. 도로에서의 매너에는 보행자일 때와 운전자일 때로 구분할 수 있다.

(1) 보행자 매너

우리나라는 '우측통행(右側通行)'을 기본으로 하고 있다. 이는 '길을 갈 때에 오른쪽으로 감'을 의미한다. 사람을 포함한 교통수단의 통행방향을 우측으로 정렬하는 제도이다.

① 길을 보행할 때, 일행 중 연장자가 길 안쪽에서 서고, 상급자와 함께 걸을 때는 하급자가, 여성과 함께 걸을 때는 남성이 차도 쪽에 선다.

② 다수의 일행들과 함께 보행할 때에는 다른 보행자들에게 방해가 되지 않도록 걷는 것이 중요하다. 종종 횡대형을 유지하며 지나가는 경우가 있는데 가급적 이를 지양하고, 종대형을 유지하며 타인에게 폐를 끼치지 않도록 주의한다.

③ 혼잡한 도로 한가운데에서 멈추어 서서 일행들 혹은 우연히 만난 지인들과 오랜 시간 대화하는 것은 타인의 보행에 방해가 될 수 있으므로 가급적 삼가야 한다.

④ 나의 진행방향 반대편 도로에서 반가운 지인을 발견한 경우, 그리고 앞쪽에서 걷고 있는 일행 중 한 명을 부르기 위하여 큰 소리로 이름을 언급하는 경우, 지나가는 타인에게 위협감과 불안감을 줄 수 있다.

⑤ 거리를 걸으며 흘리거나 묻힐 수 있는 음식을 먹는 것, 흡연, 침을 뱉는 행위 등은 타인에게 불쾌감과 혐오감을 느끼게 할 수 있으니 가급적 삼가야 한다.

⑥ 애완동물과의 보행 시에는 타인에게 위협이나 방해가 되지 않도록 보호 장치를 하고, 애완동물의 생리작용을 처리할 수 있도록 한다.

(2) 운전자 매너

운전자의 매너는 단순히 도로에서 차량을 운전하는 것에만 포커스를 두는 경우가 일반적이다. 올바른 운전 매너는 도로 위의 모든 사람들, 즉 다른 운전자, 보행자, 자전거 및 킥보드 이용자들에게 안전하고 쾌적한 환경을 제공하는 데 기여한다. 국내외에서 자주 발생하는 교통사고의 원인 중 대다수는 운전자의 부주의와 불법주행에서 비롯된다는 점을 감안할 때, 운전 매너 또한 현대 사회에서 아주 중요한 매너임을 알 수 있다.

① 기본적인 교통 법규는 철저히 지킨다. 빨간 신호등에서 정지하는 것, 보행자 보호 구역에서 보행자에게 양보하는 것은 기본 중의 기본이라고 볼 수 있다.

② 다른 운전자를 배려하는 마음가짐을 가진다. 도로는 혼잡할 수 있으며, 모든 운전자는 조금 더 빨리 목적지로 가기를 원한다. 이때, 다른 차량이 진입할 수 있도록 양보를 하거나, 교차로에서 차례에 따라 이동하는 것 등의 매너를 지키는 것은 중요하다. 차선 변경 시 반드시 방향지시등을 사용하고, 주변 차량의 속도와 거리를 파악하고 안전하게 운행하는 등이 이에 속한다.

③ 과속이나 음주 운전은 절대 금물이다. 과속과 음주 운전은 법적으로 금지되어 있다. 이러한 행동은 나뿐만 아니라 타인의 생명과 안전을 위협하는 행위

임에 틀림없다.

④ 운전 중 휴대전화 사용은 자제해야 한다. 현대 사회의 필수품이 되어 버린 휴대전화는 우리에게 좋은 점과 나쁜 점을 동시에 주는 존재이다. 생활의 편리함을 주는 것은 당연하지만, 자칫 운전 중 휴대전화를 사용하게 되면 도로에서의 집중력을 떨어뜨릴 수 있으며 이는 사고와 직결되기 때문이다. 따라서 운전 중에는 휴대전화를 사용하지 않는 습관이 필요하며, 필요한 경우가 발생하게 되면 안전한 장소에 정차한 후 사용하는 것이 바람직하다.

⑤ 다른 운전자의 실수나 잘못된 행동에 대해 화를 내기보다는 이해하고 배려하는 태도를 가져야 한다.

2) 대중교통 매너

(1) 버스, 지하철 매너

① 승, 하차 시에는 한 줄로 서서 차례를 기다린다.

② 교통약자 및 임산부 배려석은 해당자가 언제나 이용할 수 있도록 가급적 자리를 비워 두는 것이 바람직하며, 일반석의 경우에도 교통약자에게는 자리를 양보한다.

③ 서 있는 승객은 반드시 손잡이를 잡아 안정감을 유지한다.

④ 지하철의 경우 뒤로 메는 가방은 앞쪽으로 메서 이동하는 사람들에게 방해가 되지 않도록 한다.

⑤ 두 자리가 붙어 있는 지역/광역 버스의 경우 먼저 승차한 사람이 창 쪽의 안쪽 자리부터 채워 앉는다.

⑥ 신문, 종이 서적 등 지류 인쇄물을 읽는 경우 옆 사람에게 불편을 주지 않도록 한다.

⑦ 본인에게 할당된 좌석 부분을 초과하여 좌석에 착석하면 옆 사람에게 불편을 주게 되므로, 가급적 좌석의 칸을 잘 지켜 앉도록 한다.

⑧ 출발하려고 할 때 무리하게 탑승하려고 하지 않는다.

⑨ 휴대전화는 진동으로, 필요한 통화는 작은 소리로 용건만 간단히 한다.

⑩ 음악 및 영상 감상 시에는 이어폰을 이용하고 옆 사람에게 소음이 되지 않도록 볼륨은 줄인다.

⑪ 반려동물 동반 시 별도의 이동 가방을 이용한다.

⑫ 냄새가 나거나 흐를 수 있는 음식의 취식은 자제한다.

(2) 택시 매너

① 가까운 거리 내에 택시 승강장이 있는지 살펴보고, 승강장에서 줄을 서 차례를 기다린 후 본인 차례에 승차한다.

② 콜택시 및 예약 택시를 이용 시에는 다른 차들의 이동에 방해가 되지 않는 곳에서 기사와 만남을 약속한다.

③ 예약한 택시를 확인하려 무리하게 차도로 들어가지 않는다.

④ 승하차 시에는 운전 기사에게 감사의 인사를 하는 것이 좋다.

⑤ 선결제/후결제 등 적절한 결제 방법으로 결제한다.

(3) 자전거/전동 킥보드 매너

해가 거듭될수록 자전거와 킥보드를 이용하는 사람들이 늘어나고 있다. 특히 젊은 층에서는 단순히 운동기구가 아닌 교통수단으로의 역할을 톡톡히 하고 있다. 이로 인하여 발생하는 민원 또한 증가하고 있으며, 편리한 교통수단으로의 자리매김을 하기 위해서는 이용하는 자와 이용하지 않는 자 모두에게서 긍정적인 인식이 필요하다. 이를 위하여 필요한 매너에 대하여 알아보자.

① 자전거

내용	해당(O, X)
헬멧을 착용한다.	
도로에서는 우측통행을 지키고, 차량과 같은 방향으로 직선 주행한다.(자전거 도로를 이용한다.)	
내리막길에서는 무리하게 속력을 내지 말고, 뒷바퀴에 먼저 제동을 가한 뒤 앞바퀴에 제동을 가한다.	
이어폰과 휴대전화는 자전거 운행 시 사용하지 않는다.	
가방과 짐은 짐칸에 고정하고 이동한다.	
교차로나 골목길에서 방향을 변경하거나 정지 시 수신호를 사용한다.	
보행자를 우선 배려한다.	
주변에 보행자가 있을 시 경보벨을 울리거나 말을 해 보행자의 주의를 유도한다.	
횡단보도 주행 시 자전거에서 하차 후 끌고 간다.	
야간 주행 시 전조등이나 야광판을 부착한다.	

내용	해당(O, X)
도로 우측 가장자리로 다닌다.	
무리 지어 탈 때는 한 줄로 탄다.	
중앙선이 그어진 자전거 도로에서는 중앙선을 넘나들지 않는다.	
브레이크 등 자전거의 성능을 수시로 점검한다.	
두 손을 놓고 타지 않는다.	
술을 마시고 타지 않는다.	

출처: 질병관리본부 자전거 안전수칙.

② 전동 킥보드

내용	해당(O, X)
안전모를 착용한다.	
원동기 면허 이상 보유하여야 한다.(운전면허증 사용 가능)	
반드시 혼자 탄다.	
자전거 도로를 이용한다.	

4. 펫티켓

반려동물 1,000만 시대를 맞아 반려동물을 키우는 인구가 늘어나면서 펫티켓에 대한 사회적 관심이 높아지고 있다. 펫티켓(Petiquette)이란 애완동물을 기를 때 지켜야 할 공공 예절을 의미한다. 단순 반려동물 산책 시 지켜야 하는 반려동물 예절부터 시작해 「동물보호법 시행규칙」에 의거, 해당 반려동물에 대한 입마개 의무 등을 아우를 수 있는 개념이다. 전문가들은 반려인과 비반려인이 모두 함께 적극적으로 펫티켓을 준수할 것을 강조하고 있다. 반려인이 아닐지라도 반려동물의 습성을 이해하고 대비하는 것은 동물 권리에 대한 인식이 높아진 시대에 있어 중요 덕목 중 하나이기 때문이다. 반려인과 비반려인들이 함께 협력해 펫티켓을 지켜 나간다면 동물 보호기능에 일조하고 평화롭고 성숙한 반려동물 문화를 조성하는 데에 있어 의의를 찾아 나갈 수 있다. 가장 일반적인 반려견에 대한 내용을 알아보고 활용해 본다.

1) 반려인

(1) 동물등록과 인식표는 필수

생후 3개월 이상의 반려견은 「동물보호법」에 따라 내장형 전자칩, 외장형 무선장치, 등록인식표 중 하나를 선택해 동물병원 등에서 등록해야 한다. 동물 등록은 유기 또는 잃어버리는 반려동물 증가가 사회적 문제로 이어지는 것을 방지하고자 시행된 제도로, 개를 소유한 사람이라면 필수적으로 등록을 마쳐야 하는 제도이다.

(2) 외출 시에는 반드시 목줄 등 안전조치

산책 시에는 많은 사람들과 마주친다. 산책 시 발생할 수 있는 여러 상황들로 반려견을 잃어버리는 사태가 종종 발생한다. 이러한 경우를 예방하기 위하여 반려견의 목줄 착용은 모두를 위해 필수적이다.

(3) 동물보호법 의거 맹견의 경우 입마개는 필수

「동물보호법」상 입마개를 의무적으로 착용시켜야 하는 맹견은 5종이 있다. 「동물보호법」에 따르면 맹견을 기르는 소유주는 맹견과 외출 시 목줄, 입마개 또는 이동장치를 반드시 구비해야 하며, 소유자 없이 사육장소를 벗어나지 않도록 철저히 관리해야 한다. 사람을 공격해 상해를 입힐 가능성이 높은 개는 반드시 입마개를 해야 하며, 공격성이 없지만 사람의 눈길이나 손길을 반가워하지 않고 민감해하는 경우라면 별도의 노란 리본 등을 표시해서 타인이 알게 하여 배려를 받을 수 있도록 조치하는 것도 좋다.

- **맹견의 5종류**
  - 도사견
  - 아메리칸 핏불 테리어
  - 아메리칸 스태퍼드셔테리어
  - 스태퍼드셔 불 테리어
  - 로트와일러

(4) 공항 내 반려동물 이동은 전용가방이나 유모차를 이용

반려견은 가족 구성원으로 인식된 지 오래이다. 그러다 보니 동반하여 여행을 하고자 하는 사람들이 부쩍 늘고 있다. 반려견과 공항 출입 시에는 가급적 전용가방이나 유모차를 이용하는 것이 좋다. 부득이 목줄 이용을 할 경우에는 해당 공항의 출입 규정을 반드시 확인하도록 한다.

(5) 외출 시 배설물 처리는 확실히

반려동물과 외출 시에는 배변봉투와 물티슈 등을 준비하도록 한다. 반려견은 구석진 곳이나 잔디밭 위 등을 가리지 않고 배변하기에 반려견의 배변 물질을 즉시 수거하는 것이 중요하다. 간혹 공원과 같은 공공장소 산책 시 반려견의 배변 후 배변 자국이 눈에 띄게 남는 경우, 물을 뿌리거나 물티슈를 사용해 자국을 지우는 것도 반려인으로서 지켜야 할 매너 중 하나이다.

(6) 엘리베이터에서는 반려견을 꼭 안고 타기

사람의 손길이나 시선에 민감한 반려견이 있다면 스트레스를 받지 않도록 꼭 안고 타 엘리베이터 탑승객과 반려견 모두 배려하도록 한다. 「동물보호법」에서 규정한 대형견은 사람들에게 공포와 우려의 대상이 될 수밖에 없어 엘리베이터 이용객이 많을 시에는 사람들과 반려견 모두를 안심시키고 모든 돌발 상황에 철저히 대비하도록 한다. 계단을 이용해서 운동을 병행할 수 있도록 훈련하는 것도 필요하다.

(7) 영역 표시가 심한 반려견일 경우 매너 벨트 챙겨 가기

평소 밖이나 공공장소 등을 가리지 않고 영역 표시가 심한 강아지라면 반려견 기저귀를 의미하는 매너 벨트를 착용하는 것이 좋다. 중성화 수술을 마치지 않은 수컷 강아지들은 영역 표시를 하는 경우가 있는데 이러한 영역 표시를 예방하고 공공장소 내에서 모두에게 불쾌감을 주지 않기 위해서라면 매너 벨트와 같은 배변 도구를 적극 이용하는 것이 바람직하다.

(8) 수많은 외부 자극으로부터 반려견을 보호할 것

산책을 나가면 반려견에게도 수많은 자극들이 펼쳐진다. 지나가는 행인, 오토바이나 차들의 경적 소리, 다른 강아지가 될 수도 있다. 겁이 많은 반려견은 외부 자극에 취약할 수 있고 이는 스트레스로 작용하기 때문에 수많은 외부 자극으로부터 반려견을 보호하도록 하는 것도 중요하다.

(9) 강아지를 무서워하는 사람이 있다면 잠깐 옆으로 피해 주거나 기다려 주기

강아지를 좋아하는 사람이 많은 반면, 강아지를 무서워하거나 싫어하는 사람도 많다. 반려견과 산책하는 도중 강아지를 무서워하는 사람과 마주치는 경우라면 상대가 지나갈 때까지 잠깐 옆으로 비켜 기다려 주도록 한다.

2) 비반려인

개를 함부로 만지거나 지나친 눈길을 주지 말 것.

직접 키우지는 않지만 강아지를 무척 좋아하는 사람들은 길을 걷다 강아지를 보는 경우 강아지를 쓰다듬거나 말을 거는 경우가 많다. 강아지도 마찬가지로 새로운 환경이나 모르는 사람에게는 긴장을 하고 자신에게 공격을 하는 것으로 받아들일 수 있다. 따라서 지나가는 개를 대할 때에는 함부로 만지거나 지나친 눈 맞춤은 하지 않아야 한다.

– 매거진[데일리] 라이프, 동물을 대하는 올바른 자세 '펫티켓' Aug04. 2020

CHAPTER 04

서양식 테이블 매너

학습목표

1. 서양 테이블 매너의 중요성을 이해한다.
2. 서양식 식사 매너에 대해 이해한다.

1. 테이블 매너의 중요성

테이블 매너가 완성된 것은 19세기 영국의 빅토리아 여왕시대로 알려져 있다.

이 시대는 영국 제국주의 전성기로서 영토 확장과 경제적, 정치적으로 무서운 위세를 떨쳤던 시기였다.

하지만 이러한 위세에도 불구하고 빅토리아 시대는 절제의 시대로도 알려져 있다.

이 시기 영국 사회는 규율과 예절을 엄격히 준수하며 형식을 중시하였다.

즉, 테이블 매너의 기본원칙은 모인 사람들이 기분 좋게 식사하고 건강뿐만 아니라 안전하고 유쾌한 교제 시간을 갖는 것이였다.

테이블 매너는 지켜지지 않으면 식사 자리가 불편할 수 있다.

나이프, 포크 등을 휘두르며 이야기를 하거나 소리를 내며 음식을 먹는 등과 같은 경험들이 주변에서 한번쯤은 있었을 것이다.

하지만 오늘날 테이블 매너의 기본정신은 형식이 아닌 맛있는 요리를 함께 즐기는 것으로 점점 변해 가고 있다.

그렇다고 형식을 아예 무시하고 맛으로만 즐거운 식사시간을 즐길 수는 없다.

맛과 형식 이 두 가지가 조화를 이룰 때 우리는 만족한 식사의 완성이라 할 수 있다.

기본생활인 식사 예법은 나라마다 다르지만 그 사회의 예법을 지키는 것이 매너인 만큼 이를 익히고 활용할 수 있어야 한다.

2. 식사 전 매너

1) 예약

현대 사회는 미용실, 교통수단, 병원 등 모든 분야에서 예약문화가 자리 잡고 있다.

바쁜 현대인들은 시간 계획하에 움직이기에 예약문화의 중요성이 날로 높아지고 있다.

예전에는 대면이나 전화를 통한 예약이 다수였다면 현재는 온라인 플랫폼을 이용한 예약이 주를 이루고 있다.

(1) 레스토랑을 이용하기 전에는 반드시 예약을 하도록 한다.

(2) 예약자 이름, 연락처, 날짜, 시간, 인원수를 알려 주고 방문일까지 7~10일 정도 여유롭게 하는 것이 바람직하며 전날 재확인 하는 것도 필요하다.

(3) 시간이 소요되는 요리는 미리 주문해 식사 시 착오가 없도록 해야 한다.

(4) 초청자는 손님보다 먼저 도착해 준비사항을 미리 확인한다.

(5) 예약시간은 반드시 지켜야 하며 예약을 취소할 경우 반드시 사전에 취소해야 한다.(No-Show 금지)

2) 도착

(1) 고급레스토랑의 경우 정장 차림이 기본이다.

(2) 도착 시 예약사항을 확인하고 지배인(manager) 혹은 리셉셔니스트(receptionist)의 안내를 받고 지정된 룸 혹은 홀 자리에 착석한다.

(3) 안내 없이 임의로 레스토랑에 들어가 아무 테이블에 앉는 것은 에티켓에 어긋난다.

(4) 자리가 마음에 들지 않는 경우 "자리를 옮겨 주실 수 있으실까요?"라고 물어보는 것은 무방하다.

3) 상석 안내

(1) 입구에서 멀리 떨어져 있고 벽을 바라보는 자리보다 등진 자리가 상석이다.

(2) 경치가 잘 보이는 곳이 상석이다.

(3) 최상석에 앉은 사람과 가까운 자리일수록 상석이 되고 멀리 떨어진 자리가 말석이다.

(4) 입구에서 가까운 자리가 말석이다

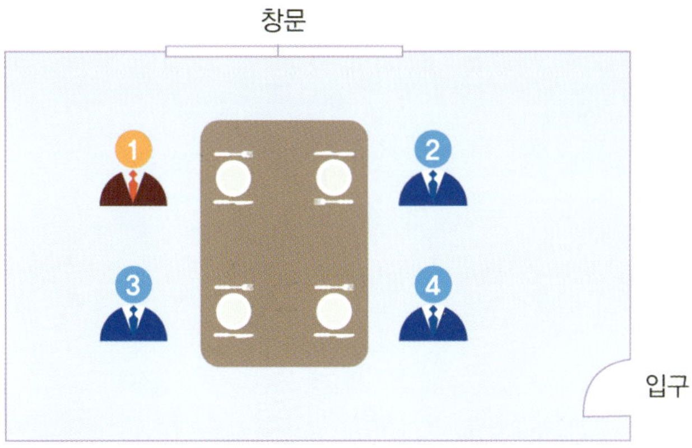

4) 착석

(1) 코트, 소지품 등은 보관소(cloakroom)에 맡긴다.

(2) 착석 전에 미리 화장실에 가서 외모를 점검하고 손을 씻는다. 착석 후 손을 씻기 위해 나가지 않도록 한다.

(3) 웃어른이나 여성이 계시면 그들을 먼저 앉혀 드리고 남자 손님이 앉는다.

(4) 안내자가 없을 시에는 남자가 주빈 또는 여성들의 의자를 빼 주고 앉을 수 있도록 도와주어야 하고 여성들은 반드시 고마움을 표시한다.

(5) 의자에 앉을 때에는 왼쪽부터 들어선다.

(6) 다리를 꼬거나 등을 기대지 말고 반듯이 앉아야 한다.

(7) 핸드백이나 소지품을 테이블 위에 올려놓는 것은 금물이다. 핸드백은 자신의 등과 등받이 사이, 옆의 빈 좌석 등에 놓는다.

(8) 냅킨은 모두 착석 후 호스트(host)나 상석에 앉은 사람이 편 다음 무릎에 얹는다.

(반으로 접어, 접혀진 쪽이 자기 앞으로 오도록 한다.)

(9) 냅킨을 목에 거는 것은 어린이나 몸이 부자연스러운 사람, 흔들리는 교통수단의 식당에서 가능하지만 보통의 식당에서는 목에 걸지 않도록 한다.

(10) 식사 후에 냅킨은 대충 접어 자신의 테이블 왼쪽 위에 놓는다.

5) 주문

(1) 웨이터를 부를 때는 손을 가볍게 들어 의사 표시를 한다.

(2) 메뉴판을 이해하기 어렵거나 요리를 선택할 때 자신이 없으면 웨이터의 도움을 받거나 당일 스페셜 메뉴를 주문하는 것이 좋다.

(3) 비지니스를 목적으로 하는 식사 자리의 메뉴는 먹기 불편한 가시 많은 생선이나 갑각류 등은 피하는 것이 좋다.

(4) 레스토랑의 주문에서 마지막까지 모든 서비스는 여성, 연장자, 연소자 등에 대한 예의를 엄격히 지키도록 한다.

3. 식사 중 매너

1) 식사 도중 주변 사람들과 자연스럽게 대화를 나누면서 상대의 식사 속도에 맞춰 먹는 것이 매너이다.
2) 원활한 대화를 위해서 음식은 조금씩 먹도록 한다.
3) 상대가 음식을 먹고 있는 도중에는 말을 건네지 않는다.
4) 음식을 먹고 있는 중에 음료를 마시거나 다른 음식을 입에 넣지 않는다.
5) 식사 중 이물질 발견 시에는 조용히 제거 후 계속 식사한다.
6) 식사 중 전화가 걸려 오더라도 받지 않는 것이 예의이다. 식사 중에는 자리를 떠나지 않는 것이 원칙이지만 부득이한 경우에는 양해를 구하고 자리를 피해 전화를 받는다.
7) 화장실에 다녀와야 할 경우 동석자에게 말하지 않고 목례 후 조용히 다녀온다. 화장실, 용변이란 단어는 꺼내지 않는 것이 예의다.
8) 나이프를 입에 대거나 수프를 불어 가면서 먹지 않는다.
9) 나이프나 포크로 물건을 가리키거나 손에 들고 대화하지 않는다.
10) 식사 도중 나이프나 포크가 떨어졌을 때는 웨이터에게 새 것을 요청한다.
11) 식사 중 생선을 뒤집거나 고기를 모두 잘라 놓지 않는다.
12) 고기나 뼈가 목에 걸렸을 때는 물을 마시거나 냅킨으로 입을 가리고 기침을 하거나 손가락으로 꺼내는 것은 실례가 되지 않는다.
13) 기침, 재채기, 코를 풀 때는 양해를 구하고 자리를 뜬다.
14) 식사 중 트림을 하는 것은 금기 사항이다.

4. 식사 후 매너

1) 식사가 끝난 후 접시 오른쪽 아래 방향으로 나이프는 바깥쪽에 포크는 안쪽에 손잡이가 나란히 향하도록 놓는다.

식사 중

식사가 끝난 후

2) 테이블 위에 이쑤시개를 비치하지 않으니 이쑤시개는 화장실에서 사용한다.

3) 여성의 경우 화장을 고칠 때에는 화장실을 이용한다.

4) 담배는 후식 및 커피 코스가 시작된 뒤 피우도록 하고 요즘은 금연석이 많으므로 이 곳에서는 절대 피워서는 안된다.

5) 손님을 초칭한 경우엔 반드시 초청자가 계산하도록 한다.

6) 계산서를 받아 테이블에서 확인 후 웨이터에게 지불한다.

7) 팁(tip)은 보통 식사 요금의 10~25%를 지불한다.
(신용카드로 계산 시에는 팁 난에 금액이나 %로 기록한다.)

5. 식사의 종류

1) 조식

(1) 미국식 조식(American Breakfast)

계란 요리와 토스트, 핫케이크, 프렌치토스트 콘플레이크, 오트밀, 햄, 베이컨, 소시지, 주스, 커피 등을 기호에 맞게 선택해 먹는 식사

(2) 유럽식 조식(Continental Breakfast)

빵과 커피, 우유 또는 주스 정도로 간단히 먹는 식사

(3) 비엔나식 조식(Vienna Breakfast)

계란 요리와 롤빵 그리고 커피 정도의 식사

(4) 영국식 조식(English Breakfast)

영국의 음식 중 아침 식사가 가장 맛있다는 말이 있을 만큼 다른 유럽 국가와 달리 아침을 푸짐하게 먹는 영국은 미국식 조식과 비슷하다.

2) 브런치(Brunch)

현대 사회의 바쁜 도시인들이 주로 이용하는 식사 형태로 아침과 점심의 중간에 먹는 식사

3) 점심(Lunch)

아침과 저녁 사이에 하는 식사

4) 애프터눈 티(Afternoon Tea)

영국인들의 전통적인 식습관에서 유래되었으며 밀크티와 시나몬 토스트를 점심과 저녁 사이에 먹는 것

5) 저녁(Dinner)

질 좋은 음식을 충분한 시간적 여유를 가지고 즐길 수 있는 식사

6) 만찬(Supper)

본래 격식 높은 정식 만찬(Formal Dinner)을 의미했으나 시대의 변화에 따라 최근에는 저녁 늦게 먹는 간단한 밤참의 의미로 사용

6. 서양식 코스의 구성과 순서

서양식 코스 요리는 여러 가지 음식을 순서대로 제공하며 요리마다 고유의 역할이 있다.

코스 요리는 식사의 흐름과 균형을 중시하며 다음과 같은 주요 특성이 있다.

1) 전채요리(Appetizer)

식욕을 돋우기 위해 식사 전에 먹는 요리로 신맛, 짠맛, 단맛 등 자극적인 맛이 많으며 프랑스어로 오데브르(Hors D'oeuvre)라고도 한다.

전채에는 찬 전채, 더운 전채가 있다.

메인을 가벼운 요리로 먹는다면 더운 전채를, 메인을 무거운 요리로 먹는다면 찬 전채요리가 어울린다.

찬 전채요리의 대표적 메뉴는 철갑상어 알로 만든 캐비어(Caviar), 거위의 간을 이용한 푸아그라(Foie gras), 생굴(Oyster), 카나페(Canape), 새우 칵테일(Shrimp Cocktail) 등이 있고 더운 전채요리의 대표적 메뉴는 프랑스의 대표적 메뉴인 식용 달팽이를 이용한 에스카르고(Escargot), 키조개(Scallop), 이탈리아식 만두요리(Raviol) 등이 유명하다.

(1) 메인 요리를 위해 많이 먹지 않도록 한다.
(2) 식사 시 너무 단 음식은 식욕을 잃게 하므로 잼은 점심, 저녁에는 먹지 않는 것이 좋다.
(3) 양이 많지 않은 사람은 전채를 먹은 후 수프를 생략해도 좋다.

상식

세계 4대 전채요리(Appetizer)

1. 푸아그라(Foie gras)

- 기름진 거위 간이라는 뜻
- 부어오른 거위 간을 묵처럼 만든 요리

2. 캐비어(Caviar)

- 카스피 해와 흑해, 볼가 강 하구에서 서식하는 철갑상어 알을 소금에 절인 것
- 서양 요리의 보석이라 불리며 알맹이가 굵을수록 고급

3. 에스카르고(Escargot)

- 달팽이 요리로 늦가을에 가장 맛이 뛰어남
- 껍질을 분리하고 양념하여 뜨겁게 제공

4. 트러플(Truffle)

- 향이 좋고 강한 송로버섯으로 주로 부재료나 음식의 완성도를 위해 사용
- '땅속의 다이아몬드', '식탁의 다이아몬드'라 불림

2) 수프(Soup)

(1) 진하고 걸쭉한 수프인 포타주(Potage Lie)와 맑은 수프인 콘소메(Consomme)로 나뉜다.

(2) 진한 수프는 감자, 옥수수, 양송이 등이 들어간 크림 수프와 새우, 게, 바다 가재 등을 이용한 비스크(Bisque) 등이 있다.

(3) 맑은 수프는 닭고기, 소고기, 생선 등을 푹 삶은 국물로 만든 수프이다. 맛이 진한 주요리 전 먹는 정식 풀코스 수프로 적합하다.

(4) 콘소매는 재료를 아끼거나 짧은 시간 안에 제 맛을 낼 수 없다. 그래서 서양에서는 콘소매 맛으로 요리사의 솜씨를 짐작한다.

① 수프를 먹을 때는 소리를 내지 않는다.

- 뜨겁더라도 입으로 불어 식히지 말고 스푼으로 저어 식힌다.
- 스푼 사용은 미국은 앞에서 뒤로, 유럽은 뒤에서 앞으로 떠서 먹는다.
- 손잡이가 달린 컵 형태의 경우 들고 마셔도 무방하다.
- 소금이나 후추를 무턱대고 뿌리지 않는다.

  (요리사를 무시하는 것으로 간주될 수도 있고 음식을 먹을 줄 모르는 사람으로 취급할 수 있다.)

3) 빵(Bread)

(1) 빵은 처음부터 테이블 위에 놓여 있거나 수프를 먹고 난 후에 바로 나오는 경우도 있다.

(2) 빵은 처음부터 먹지 않으며 수프와 함께 먹는 것도 아니다.

(3) 빵은 요리의 맛이 남아 있는 입안을 깨끗이 해 주어 미각을 살리는 역할을 한다.

(4) 빵은 요리와 함께 먹기 시작해 디저트 전까지 먹는다.

(5) 테이블 왼쪽의 빵 접시가 놓이므로 오른쪽의 다른 사람의 빵을 먹지 않도록 주의한다.

(6)) 빵은 한입 크기로 손으로 잘라 먹으며 나이프나 포크를 사용하지 않는다. (토스트의 경우 잼이나 버터가 발라져 있기에 나이프를 이용해 자른다.)

4) 샐러드(Salad)

(1) 샐러드는 고기 요리와 함께 나오는 채소로 드레싱과 함께 제공된다.

(2) 샐러드는 고기를 먹기 전이나 고기와 함께 또는 고기를 먹고 난 후에 먹는다.

(3) 미국에서는 주요리 전에 제공되고 유럽에서는 주요리 후에 먹는다.

(4) 샐러드는 순수 샐러드, 혼성 샐러드로 나뉘는데 순수 샐러드는 여러 채소를 섞어 제공되며 서양식의 대부분은 순수 샐러드이다.

(5) 혼성 샐러드란 여러 채소에 햄, 고기, 향료, 소금, 후추 등을 넣어 만든 것이다.

(6) 접시를 몸 앞으로 옮겨서 먹지 않는다.

(7) 두 가지 이상의 드레싱을 섞지 않는다.

(8) 접시에 담긴 샐러드는 포크만을 이용하는 것이 원칙이다.
단, 채소가 너무 큰 경우 나이프와 포크를 이용해 접어서 먹는다.

(9) 포크로 잡기 어려운 콩이나 작은 씨앗 종류는 포크에 얹거나 포크로 누른 후 떠먹는다.

5) 메인 요리(Main Course)

(1) 생선 요리(Fish Entree)

① 생선은 연하고 열량이 적으며 맛이 담백해서 양식의 주요리로 많이 이용되는 재료이다.

② 생선의 종류는 많지만 요리로 이용되는 어종으로는 바다 생선인 농어, 연어, 적도미, 넙치, 가자미 등이며 민물 생선으로는 송어가 많이 이용된다.

③ 생선 요리는 뒤집지 말고 뼈와 아래쪽 생선 살 사이에 나이프를 넣어 뼈를 바른다.

④ 가시를 먹었을 때는 왼손으로 입을 가리고 오른손으로 가시를 빼 접시 한쪽에 놓는다.

⑤ 새우요리는 포크로 머리 부분을 고정시켜 껍질을 벗긴다.
- 핑거볼이 있을 때에는 손으로 발라 먹은 후 핑거볼 안에 손가락만 담갔다가 냅킨으로 닦아 낸다.

⑥ 달팽이 요리는 왼손으로 스네일 텅(Snail Tong)을 쥐고 껍질을 잡은 후 포크를 오른손에 쥐고 꽂아서 먹는다.
- 껍질 속 소스는 마셔도 된다.

⑦ 바다가재 요리는 주문할 때 껍데기를 까 달라고 부탁하는 것이 좋다.

상식

핑거볼

서양 요리에서 음식을 집은 손가락 끝을 씻을 수 있도록 식탁에 준비하는 물을 담은 작은 그릇이다. 핑거볼을 이용해 손을 씻을 때는 한 손씩 교대로 씻는다.

손가락 끝만 닦는 것으로 손을 푹 담그지는 않는다.

핑거볼은 과거 서양에서 자주 사용되었지만 세계 1차대전 이후 점차 식탁에서 사라져 가고 있다.

출처: 위키백과.

(2) 육류 요리(Meat Entree)

가. 스테이크(Steak)

① 굽는 정도에 따라 식감과 맛이 달라진다.

② 스테이크의 참맛은 고기에 배어 나오는 육즙에 있다.

③ 살짝 구울수록 육즙이 많아 고기의 참맛을 즐길 수 있다.

④ 스테이크 소스가 따로 제공되는 경우 소스가 나올 때까지 기다린다.

⑤ 스테이크는 반드시 나이프로 결을 따라 세로로 자른다.

⑥ 송아지, 돼지고기 요리는 굽기를 확인하지 않는다.

⑦ 묽은 소스는 스테이크 위에 뿌리고 진한 소스는 접시에 떠 놓고 찍어서 먹는다.

상식

- **레어(rare):** 겉표면만 살짝 구워 가운데 부분에 붉은기가 도는 살짝 구운 상태(2~3분)
- **미디엄 레어(mideum rare):** 고기의 가운데 부분이 붉은색과 분홍색이 섞여 있는 조금 더 구운 상태(4~4분 30초)
- **미디엄(mideum):** 겉표면은 완전히 구워지고 고기의 가운데 부분은 핑크색으로 중간 정도 구운 상태(5분 30초~6분 30초)
- **미디엄 웰던(mideum welldone):** 겉표면과 고기의 가운데 부분이 거의 구워진 상태(6분 30초~7분 30초)
- **웰던(welldone):** 겉표면과 고기의 가운데 부분 모두 갈색으로 완전히 구워진 상태(8~9분)

나. 가금류(poultry)

① 닭, 오리, 거위, 칠면조, 메추리 등의 조류를 의미하며 일반적으로 가금류의 고기를 백색육이라 한다.

② 일반적으로 소나 돼지 같은 적색육보다 글리코겐이 함유된 백색근이 많아 건강에 좋다. 수산물의 비린내와 적색육의 누린내에 약한 사람들이 많이 선택한다.

③ 가금류 중 닭고기 요리는 포크와 나이프를 이용해 적당한 크기로 잘라 먹거나 손으로 들고 먹어도 무방하다.

하지만 격식을 갖춘 만찬에서는 손으로 집어서는 안 된다.

다. 양고기

① 영어로 수컷은 'ram' 암컷은 'ewe'로 칭하며 식용이 되는 양은 'lamb' 또는 'mutton'이라 표기한다. 이는 양의 나이에 따른 구분으로 일반적으로 'lamb'은 1년 미만의 어린 양, 'mutton'은 1년 6개월 정도의 양을 뜻한다.

② 꼬치에 끼워진 양고기는 포크로 고기를 고정한 후 꼬치를 빼고 나이프와 포크를 이용해 잘라 먹는다.

③ 뼈 끝에 종이나 포일이 감겨진 경우 왼손으로 잡고 오른손으로 고기를 발라낸다.

④ 뼈를 모두 발라 낸 후 포크로 살코기 부분만 잘라 먹는다.

6) 치즈(Cheese)

(1) 선택사항으로 다양한 종류의 치즈와 빵, 크래커, 잼을 곁들인 요리로 주로 디저트 전에 제공한다.

(2) 포크와 나이프를 이용해 풍미가 약한 것부터 강한 순으로 먹는다.

7) 디저트(Desert)

(1) 음식을 먹고 난 뒤 입가심으로 먹는 것으로 과자나 과일 등의 여러 가지가 있다.

- 프랑스어로 '식사를 끝마치다', '식탁 위를 치우다'라는 뜻을 가지고 있다.
- 양식은 당분을 거의 쓰지 않지만 디저트류에는 당분이 많다.

① 과자류

가. 푸딩, 무스, 케이크, 파이, 타르트, 슈크림 등이 있다.

나. 소프트 케이크, 파이는 포크나 스푼을 이용한다.

다. 무스나 푸딩은 스푼을 이용해 떠먹는다.

라. 슈크림은 손으로 먹는다.

② 과일류

가. 칼질해서 나온 경우는 포크를 이용한다.

나. 바나나는 나이프와 포크를 이용해 껍질을 제거한 후 썰어 포크로 먹는다. 껍질이 일부분만 벗겨져 나오는 경우 좌측부터 한입 크기로 잘라 먹는다.

다. 포도는 한 알씩 따서 손으로 먹는다.

8) 커피와 차(Coffee & Tea)

(1) 커피나 차는 연장자나 상급자가 먼저 잔을 든 후 마신다.

(2) 커피잔 손잡이에 손가락을 넣지 않고 손잡이를 잡은 후 마신다.

(3) 컵 받침 접시는 손으로 잡거나 들지 않는다.

(4) 뜨거워도 불거나 티스푼으로 떠서 먹지 않는다.

(5) 홍차에 곁들여진 레몬 조각은 짜지 않고 마시기 전에 건져 낸다.

(6) 티백은 물이 흐르지 않게 스푼으로 짜낸 후 잔 뒤쪽에 가로로 놓는다.

7. 코스요리 형식

1) 풀코스(Full Course): 5~7가지 이상의 요리를 포함

2) 라이트 코스(Light Course): 에피타이저, 메인 디쉬, 디저트로 간단히 구성

3) 프렌치 코스(French Course): 10가지 이상의 코스로 고급 요리 제공

8. 서양식 코스요리의 특징

1) 미식 문화: 단순히 먹는 행위가 아닌 미각과 시각 모두를 즐기는 경험
2) 정교한 구성: 각각의 코스요리는 다음 코스를 위해 맛과 분위기를 준비하는 역할
3) 사회적 의식: 공식적, 특별한 행사에서 주로 제공되며 격식과 품위를 중시

상식

뷔페 매너

- 뷔페 식사 때는 어떤 음식이 있는지 대강 살펴보고 찬 음식 – 수프와 빵 – 뜨거운 메인 음식 – 디저트 – 커피 & 차 순으로 먹는다.
- 음식은 준비된 그릇에 넘치도록 담지 말고 적당량을 보기 좋게 담는다.
- 음식을 먹으면서 걸어 다니거나 너무 많은 양을 담아 버리는 일이 없도록 한다.
- 생선과 육류는 같은 접시에 담지 않는다.
- 음식의 소스가 섞이지 않도록 조심한다.
- 급하게 혼자 먹지 말고 함께 식사하는 사람들과 속도를 맞춘다.

상식

나라별 식사 매너

1. 프랑스

- 세계 최고 수준의 음식과 와인을 먹는 나라라는 자부심을 가지고 있어 식사 매너를 잘 지켜야 한다.
- 프랑스인들은 식사 시간에 즐겁게 대화하는 것을 좋아하므로 아무 말 없이 혼자 빨리 먹는 것은 실례가 되므로 적극적으로 대화에 참여한다.
- 식사가 3~5시간 정도 지속되는 경우가 많으므로 프랑스 요리와 와인에 대한 상식을 알고 있는 것이 좋다.
- 음식을 남기지 않고 식사 중 트림을 하지 않는다.

2. 영국

- 신사의 나라인 만큼 음식을 주문할 때 여자들에게 먼저 물어보고 음식이 나오면 여자들에게 먼저 제공한다.
- 식사 도중 코를 푸는 것은 매너에 어긋나지 않지만 기침, 재채기는 입을 가리고 최대한 조용히 한다.

3. 이탈리아

- 세계적인 미식의 나라로서 단순히 음식을 먹는 것이 아니라 식사를 통해 소통하고 문화를 공유하는 것을 즐긴다.
- 피자는 개인의 선택으로 나눠 먹는 것이 아니라 한 사람이 한 판씩 주문해 각자 즐기는 것이 기본이다.
- 파스타를 먹을 때는 포크만 사용한다.(숟가락을 사용하는 것은 어린이나 초보자로 간주될 수 있다.)
- 해산물 요리에는 치즈를 뿌리지 않는다.

4. 미국

- 식사 시 개인 접시를 사용하고 먹을 만큼 공용 스푼으로 덜어서 먹는다.
- 식사 시 소리를 내는 것은 큰 실례이다.
- 대화 없이 식사만 하는 것을 대단한 결례라 생각한다.
- 식사 도중 코를 푸는 것은 매너에 어긋나지 않지만 기침, 재채기는 입을 가리고 반드시 "Excuse me"라고 한다.

CHAPTER 05

동양식 테이블 매너

학습목표

1. 한식, 중식, 일식 테이블 매너의 특징에 대하여 알 수 있다.
2. 한식, 중식, 일식 테이블 매너의 차이점에 대하여 알 수 있다.

1. 한식 테이블 매너

1) 한식 상차림 특징

우리 조상들은 밥과 국, 반찬을 한 상에 차려 내는 전통적인 상차림에 '우주를 담는다'고 생각했다.

우주와 인간 질서를 상징하는 오방색, 즉 동, 서, 남, 북 중앙의 다섯 방위를 가리키는 색인 청, 적, 황, 백, 흑을 의미하는 음식을 한 상에 조화롭게 펼쳐 놓았기 때문이다.

한식 상차림에는 오방색을 고려한 규율이 엄격하게 적용되었다.

첫째, 계절의 기운을 담은 제철 재료를 골라 물, 불을 활용한 조리법으로 음식을 만들고

둘째, 색과 맛, 영양이 어우러져 오감을 만족시키는 차림새를 갖춰야 하며

셋째, 몸에 균형 있게 흡수되어 먹는 사람의 건강을 생각해야 한다.

이처럼 엄격한 규율 속에서도 사람에 대한 존중을 잊지 않는 '마음 씀씀이'가 한식의 매력이다.

우리나라는 기후와 풍토가 농사에 적합하여 일찍이 신석기 시대 이후에 잡곡 농사부터 농업이 시작 되었고 그 후 벼농사가 전파되었다.

이 후 곡물은 한국 음식의 중심이 되었고 삼국시대 후기부터 밥과 반찬으로 주식, 부식을 분리한 우리 고유의 일상식 형태가 형성되었다.

또 김치, 장류, 젓갈 등 다양한 발효 음식이 발달해 장기간 보관이 용이해졌으며 맛과 영양을 향상시킬 수 있었다.

(1) 식사를 하는 사람을 기준으로 밥, 국, 수저의 순서이고 숟가락 오른쪽에 젓가락을 놓는다.
(2) 국물이 있는 음식은 먹는 사람 가까이 두고 마른반찬은 멀리 두어 상에 국물을 흘리지 않도록 먹는 사람의 편의를 제공한다.
(3) 식어도 괜찮은 음식은 먼저 차리고 뜨겁게 먹어야 하는 음식은 식사 직전에 차린다.
(4) 육류는 오른쪽, 채소는 왼쪽에 놓는다.

2) 한식 식사예절

(1) 어른이 먼저 수저를 든 다음에 아랫사람이 따라 들고 식사 중이나 마칠 때에도 보조를 맞춘다.

(2) 어른이 식사를 마치고 일어서면 따라 일어선다.

(3) 식사 중에는 음식물 씹는 소리를 내지 않고 음식을 먹으면서 이야기하지 않는다.

(4) 밥은 한쪽부터 먹고 국은 그릇째 들고 마시지 않는다.

(5) 숟가락을 빨아서는 안되며 숟가락과 젓가락을 동시에 들고 사용하지 않는다.

(6) 젓가락 사용 시에는 숟가락은 상위에 올려놓는다.

(7) 식사 중 숟가락과 젓가락을 반찬 그릇 위에 올려놓지 않는다.

(8) 밥과 국물 요리(찌개나 국, 물김치)는 숟가락으로, 다른 반찬은 젓가락으로 먹는다.

(9) 반찬을 손으로 집어먹거나 수저로 음식을 뒤적거리지 않는다.

(10) 먹지 않는 음식을 골라내거나 양념을 털어 내고 먹지 않는다.

(11) 수저가 그릇에 부딪혀서 소리가 나지 않도록 조심한다.

(12) 식탁이나 상에 턱을 괴지 않는다.

상식

1. 한식의 역사

다른 여느 나라처럼 한식은 여러 경로와 계층을 통해 발전했다.

- **궁중음식:** 삼국시대 이후 중앙집권이 자리 잡으며 이어져 내려온 화려한 상차림.
  여러 지역의 식재료로 다양하게 섞어 만드는 특징이 있다.

- **반가음식:** 삼국시대 호족, 고려시대의 문벌 귀족과 조선 양반가를 통해 이어진 가문의 전통적인 음식(대표적으로 전라도에서 발전한 남도 한정식)으로 해당 산지의 신선한 재료를 사용한다.

- **사찰음식:** 삼국시대, 고려시대 불교의 발전과 함께 만들어진 채식 중심 식단.
  그러나 조선의 숭유억불정책과 일제감정기 토속 불교 억압, 6.25 진쟁 등으로 많은 요소가 사라졌다.

- **서민 음식:** 지역별로 가장 많이 분포되었던 서민들이 소박하게 먹던 음식으로 대체로 각 지역에 존재했던 양반들의 영향을 받았으나 조선 후기에 주막 문화의 발달과 함께 발전했다.
  현재 우리가 즐기는 대부분의 음식이다.

2. 한식의 지역별 특성

- **서울:** 조선 시대 수도인 한양이 있어 많은 물자가 오가는 곳이었다. 그래서 다양한 식재료를 이용한 음식이 많다. 짜거나 맵지 않게 적당히 간을 내며 음식의 양은 적게, 가짓수는 많이 준비한다. 격식을 중요시하고 오색 고명을 사용하는 것이 특징이다.

- **경기도:** 소박한 편으로 중간 정도의 간을 하고 양념도 수수하게 하는 편이다. 범벅, 수제비 같은 구수한 음식이 많고 경기도 남부에는 소고기로 만든 탕이나 구이 등이 발달하였다.
- **충청도:** 검소한 식생활로 음식 맛이 순하고 평범하며 꾸밈이 없는 것이 특징이다. 된장을 많이 사용하며 겨울에는 청국장을 즐겨 먹는다.
- **강원도:** 영동지방은 풍부한 해산물을 이용한 음식이 발달하였고 영서지방은 감자, 옥수수, 메밀 등과 같은 밭작물을 이용한 음식이 발달하였다.
- **경상도:** 남해와 동해에 좋은 어장을 가지고 있어 해산물이 풍부하고 낙동강 주위의 기름진 농토에서 농산물도 넉넉히 생산된다.
  음식의 맛은 대체로 간이 세고 매운 편이다.
- **전라도:** 우리나라의 어느 지역보다 음식의 종류와 만드는 방법이 다양하다.
  정성이 들어간 음식이 많고 맵고 자극적인 맛이 특징이다. 젓갈류, 고춧가루 등의 양념을 많이 사용한다.
- **제주도:** 다른 지역과 왕래가 쉽지 않아 섬 안에서 생산되는 재료를 이용한 요리가 발달하였다.
  섬의 특성상 해산물을 이용한 요리가 많고 제주도 특산품인 흑돼지 요리도 유명하다.

2. 중식 테이블 매너

1) 중식의 특징

(1) 중국 요리는 가족적인 분위기에서 요리접시를 중심으로 둘러앉아 덜어 먹는다.

(2) 중국은 오랜 역사와 전통을 바탕으로 다양한 식재료를 이용한 많은 음식이 발전해 왔다.

(3) 각 지역마다 특색에 맞춘 재료와 조리법으로 다양한 요리를 맛볼 수 있다. 지역에 따라 북경요리, 상하이요리, 사천요리, 광둥요리로 나누어진다.

(4) 중국은 음식문화에 대한 자부심이 강하고 식사시간을 소중히 여기며 충분히 즐기면서 식사한다.

(5) 청(靑)요리라고도 하는 수천 년의 역사를 자랑하는 음식이며 요리중심으로 주식과 부식의 구분이 없다.

(6) 현재는 향신료를 강하게 하고 무조건 기름지게 했던 과거의 요리 방식에서 벗어나 세계인들의 입맛에 맞게 조리되고 다양해져 인기가 많다.

상식

중국 4대 요리

1. 베이징요리

베이징의 가장 화려한 전성기는 청나라 때로, 이때부터 궁중을 중심으로 중국 각지의 명물 진상품과 우수한 요리사들이 모여 각 지역의 장점만을 받아들인 음식 문화가 발전했다.

중국 요리의 별칭인 청(靑)요리도 이때 유래된 것이다.

베이징은 밀의 생산이 많아 면류, 만두류, 전병류 요리가 많은 것이 특징이고 대표적 요리는 베이징덕(오리요리)이 있다.

2. 상하이요리

상하이요리는 쌀을 재료로 한 요리와 게, 새우 등의 해산물 요리로 유명하다.

그 지역의 특산품인 간장과 설탕을 이용해 달콤하고 기름지게 만든 것이 특징이다.

대표적인 요리로는 동파육과 바다가제로 만든 게 요리 등이 있다.

3. 사천요리

중국 서부지역인 사천 지방은 바다가 멀고 더위와 추위가 심한 곳으로 이런 악천우를 이겨 내기 위해 마늘, 파, 고추 등 향신료를 이용한 매운 요리가 발전했다.

대표적인 요리로 두부와 다진고기를 이용한 마파두부가 있다.

4. 광둥요리

동남 연해에 위치한 광둥 지역은 기후가 온화해 식재료가 풍부하다.

그래서 '먹는 것은 광둥에서'라는 말이 있을 정도로 예로부터 요리가 발달된 곳이다.

16세기 이후에 외국 선교사와 상인들의 교류가 빈번해 그 영향으로 요리에도 서양 요리법이 결합된 독특한 특성이 있다.

대표적 요리로 탕수육과 팔보채, 딤섬 등이 있다.

2) 중국식 식사예절

(1) 원탁인 경우 안쪽 중앙이 상석이며 입구 쪽이 말석이다.

(2) 원탁에 주빈이나 주빈 내외가 주인 또는 주인 내외와 마주 앉고 주빈의 왼쪽 자리가 차석, 오른쪽 자리가 3석이다.

(3) 회전판의 요리는 주빈이 먼저 덜고 시계방향으로 다른 사람 앞에 요리접시가 가도록 돌려 놓는다.

- 웨이터가 있는 경우에는 덜어 주기도 한다.
- 회전판이 있는 원탁의 경우 음식 접시에 있는 큰 젓가락을 이용해 요리를 덜어 먹는다.
- 회전판을 이리저리 돌리지 않는다.
- 다른 손님이 음식을 덜고 있을 때 회전판을 돌리지 않는다.
- 회전판이 돌아올 때까지 젓가락을 들고 기다리는 것은 실례이다.

(4) 중국 식당에서는 냅킨과 물수건이 함께 제공되는데 물수건으로 얼굴을 닦지 않는다.

(5) 중국 음식은 적당량을 자기 앞에 놓인 접시에 덜어 먹고 새 요리가 나올 때마다 접시를 교체한다.

(6) 숟가락은 국물요리(탕이나 국)에만 사용하고 다른 음식은 젓가락을 사용한다.

(7) 젓가락으로 요리를 찔러 먹어서는 안되고 젓가락으로 사람을 가리키는 것은 실례이다.

(8) 식사 중 젓가락을 사용하지 않을 때는 접시 끝에다 걸쳐 두고 식사 후에는 상 위가 아닌 받침대에 처음처럼 올려놓는다.

(9) 국물 요리를 먹은 후 숟가락은 반드시 뒤집어 놓는다.

-사용한 숟가락을 남에게 보이는 것은 예의가 아니다.

(10) 식사 중 담배를 피우는 것은 일반적인 일이고 비흡연자도 담배를 권할 경우 받아 두는 것이 예의이다.

(11) 음식이 남아야 충분히 준비한 것으로 간주되므로 음식을 약간 남기는 것이 예의이고 식사 후 트림은 잘 먹었다는 표시이다.

(12) 음식을 맛있게 먹고 음식에 대한 칭찬을 많이 한다.

(13) 준비한 음식을 적어도 한번씩은 먹는 것이 예의이다.

(14) 많이 먹는 것은 아직 양이 차지 않았다는 뜻이다.

(15) 호스트가 건배를 청하기 전에 먼저 건배 제의를 하는 것은 실례이다.

상식

중국 차 문화

중국은 차 문화가 발달된 나라로 녹차, 우롱차, 홍차 등 향기로운 차가 제공된다.

기름진 중국 요리를 먹고도 중국인들이 살이 찌지 않는 이유가 차 덕분이라 하니 중국 음식을 먹을 때에는 차를 많이 마시는 것이 좋다.

차를 마실 때에는 받침까지 들고 마시며 뚜껑을 반쯤 걸쳐 놓는 것은 계속 마시겠다는 의미로 잔이 빌 경우 계속 따라 주는 것이 예의이다.

차는 오른손으로 찻잔을 감싸고 왼손으로 차의 밑부분을 받치고 소리를 내지 않고 맛과 향을 음미하며 조용히 마신다.

- **녹차:** 발효시키지 않은 푸른 빛이 그대로 나도록 말린 찻잎 또는 찻잎을 우린 물을 말한다.
  기원전 1000년 후반에 중국에서 시작되었으며 이후 생산과 제조가 동아시아의 다른 나라로 퍼졌다.
- **우롱차:** 녹차와 홍차의 중간으로 발효 정도가 30~70% 사이의 차를 말하며 색깔에 따라 청차(青茶)라고도 불린다.
- **홍차:** 찻잎의 성분이 자체 효소에 의해 산화되어 붉은 빛을 띠는 차와 이를 우린 물을 말한다.

3) 중식의 주문 요령

(1) 손님이 있는 경우에는 미리 음식, 좌석을 예약하는 것이 좋으며 반드시 생선 요리를 주문한다.

(2) 세트메뉴가 있는 식당인 경우 요리를 따로 주문하는 것보다 세트메뉴를 주문하는 것이 좋다.

-맛있는 요리를 다양하게 먹을 수 있고 경제적이다.

(3) 4인 이상인 경우 요리 중 탕류를 포함시킨다.

(4) 재료, 조리법, 소스 등이 중복되는 요리가 없도록 주문한다.

(5) 주문이 서툰 경우에는 웨이터의 도움을 받는 것도 좋은 방법이다.

3. 일식 테이블 매너

1) 일식의 특징

(1) 크게 자극적인 맛을 가지고 있지 않지만 깊은 매력이 있다.

(2) 신선한 재료와 정교한 기술로 만들어지며 다른 동양권 음식들과 달리 향신료를 많이 사용하지 않고 식품 고유의 맛을 최대한 살리는 것이 특징이다. (하지만 소금 사용량이 많다.)

(3) 음식의 색상이나 모양, 신선도 등 시각적인 면을 중요하게 생각해 '보면서 먹는 요리'라 한다.

(4) 최대한 좋은 재료를 최대한 적게 손질하는 것이 일본 요리의 지향점이다. 그래서 조리법이 간소화되어 있다.

(5) 해산물 등 날것으로 먹는 음식이 많다.

(6) 회, 초밥, 캘리포니아 롤, 소바, 덮밥, 우동, 라면 등 누구나 거부감 없이 즐길 수 있어 인기가 많다.

(7) 생선회는 와사비를 약간 바르고 반으로 접어서 간장에 찍어 먹는다. 우리처럼 와사비를 간장에 풀면 향이 날아가 버리므로 올바른 방법이 아니다.

(8) 일식을 먹을 때에는 음식을 남기지 않도록 한다.

(9) 일본은 식사 시 흰쌀밥을 반드시 있어야 할 정도로 흰쌀밥을 중요하게 생각해 밥을 지을 때 반드시 100% 백미만을 사용한다.

2) 일식 식사예절

(1) 일본은 예의 바르고 친절하며 질서를 잘 지키는 민족이다.
- 상대방에 대한 배려를 많이 하는 국가이므로 식사예절을 중요하게 생각한다.

(2) 식당이나 공공장소에서 조용하고 얌전하게 행동한다.

(3) 밥상 앞에서는 언제나 바른 자세로 먹는다.

(4) 밥그릇은 왼손으로 들고 먹는다.

(5) 밥, 국, 반찬 순으로 뚜껑을 열고 뚜껑은 상 왼편에 놓는다.

(6) 음식을 먹을 만큼 덜어서 먹고 남기지 않는다.

(7) 먹는 소리나 그릇 소리가 나지 않게 먹는 것이 예의지만 국수류를 먹을 때는 괜찮다.

(8) 국을 먹을 때에는 국그릇을 들고 건더기는 젓가락으로 누르며 소리를 내서 마시는 것이 흔한 일이다.
- 국을 마실 때 머리를 숙이지 않고 국그릇을 입까지 가지고 와서 먹는다.

(9) 일본 식사 매너는 젓가락과 관련된 것이 많은데 젓가락을 바로 쥐지 않고

움켜잡는 것은 일본인에게 큰 위협의 의미이기에 주의해야 한다.

(10) 젓가락만 사용해서 식사한다.

- 젓가락으로 먹기 불편한 게, 닭고기 등은 손으로 먹어도 무방하다.

(11) 젓가락은 오른손으로 들고 손바닥에 뉘어서 길이를 맞춘 후 사용한다.

(12) 테이블 위에 세워서 젓가락의 길이를 맞추지 않는다.

(13) 젓가락을 사용하지 않을 시에는 젓가락 받침대에 놓거나 밥그릇 옆에 수평으로 놓는다.

(14) 한국처럼 세로로 놓을 경우 칼이 적에게 향하는 모습과 같다고 생각해 싫어한다.

- 젓가락으로 그릇을 움직이거나 찔러서는 안된다.

(15) 젓가락을 밥 위에 꽂지 않기

- 망자에게 음식을 바치는 불교 장례 의식이라 식사 중 이런 행동은 절대 금기사항이다.

(16) 젓가락으로 음식을 다른 사람에게 전해 주는 것은 금기사항이다.

(17) 한국의 경우 밥 위에 반찬을 얹어 한꺼번에 먹어도 무방하지만 일본은 하얀 쌀밥을 더럽힐 뿐만 아니라 반찬에 집착하는 것처럼 보여 따로 먹는 것이 일반적이다.

(18) 밥을 더 먹고 싶을 때는 한 술 정도 남기고 청하는 것이 예의이다.

(19) 밥을 다 먹은 후에는 처음처럼 뚜껑을 덮어 놓는다.

(20) 술을 따르거나 받을 때 한국과는 다르게 한 손으로 받거나 따라도 된다.

(21) 술이 조금 남아있을 때 첨잔하는 것을 미덕으로 여긴다.

(22) 대부분의 경우 식사 전후에 차를 마신다.

(23) 대부분의 일본인들은 식당이나 술집 등에서 비용을 각자 낸다.

상식

일본 요리의 지역별 특성

- **간사이(관서):** 미적 감각을 중시하고 간을 강하게 하지 않는다.
  흔히 떠올리는 일본 요리가 간사이 음식들(정확히 교토 음식)이다.
  큐슈 요리, 시코쿠 요리, 오사카 요리 등으로 세분화되어 있고 빵이나 고기 요리 같은 유럽/중동 요리를 변형한 것과 일본식 유럽풍 요리도 여기에 해당된다.
- **간토(관동):** 간장을 듬뿍 써서 진하고 간을 강하게 한다. 일본여행을 다녀와 "일본 요리가 정갈하고 깔끔한 줄 알았는데 무지 짜고 달더라" 하는 이야기가 많이 나오는데 도쿄도가 있는 간토 요리 때문이다.
- **오키나와(류큐 요리):** 일본 요리에 들어가기 애매할 정도로 독립적으로 발달했다.
  일본령에 속하지 않았던 류큐왕국이 중국에 조공을 바치며 중국 문물을 적극 수용하다 보니 일본에선 금기시한 돼지고기 요리를 즐겨 먹었으며 남쪽의 따뜻한 날씨 특성상 날 음식을 많이 즐기지 않아 스시, 회 등은 그리 유명하지 않다.
- **홋카이도:** 원주민인 아이누족의 음식과 일본 음식, 유제품을 이용한 음식이 혼합된 특이한 요리가 특징이다.
  개화기 이후 대규모 목축업의 발달로 우유, 버터, 치즈가 많이 첨가된 요리가 많다.
  일본식 크림 스튜와 우유나베도 홋카이도에서 시작되었다.

CHAPTER 06

음주 매너

학습목표

1. 국가별 음주 매너에 대하여 이해할 수 있다.
2. 와인의 종류와 생산방법에 대하여 이해할 수 있다.
3. 와인에 관련된 매너를 이해할 수 있다.

1. 알코올 음료의 종류와 특성

1) 개념

알코올성 음료는 알코올이 들어간 술을 의미하고 제조법에 따라 발효주(양조주), 증류주, 혼성주로 구분되며 식사 용도에 따라 식전주, 식중주, 식후주로 분류된다.

2) 제조법에 따른 분류

(1) 양조주

곡류와 과실 등 당분이 함유된 원료를 효모균에 의하여 발효시켜 얻는 술로서 맛이 부드럽고 알코올 함유량이 3~14% 정도로 도수가 낮은 것이 특징이다.

포도를 발효시킨 와인, 샴페인 등의 포도주와 사과, 배, 매실을 발효한 과실주, 곡류를 이용한 맥주, 탁주, 청주 등이 해당된다.

① 맥주

- 보리를 싹 틔운 맥아와 쓴맛이 나는 홉을 첨가해 발효한 술로서 종류에 따라 2~8% 정도의 도수를 가진 술이다.
- 맥주의 어원은 '마신다'라는 의미의 라틴어 비베레(bebere)에서 유래하였다.
- 맥주는 포도주와 함께 세계에서 가장 대중화된 주류 중 하나이며 인류사에서도 가장 오래된 발효주의 형태로 뽑힌다.
- 맥주의 종류는 물의 특성, 맥아의 종류, 양조방법, 효모 등에 의해 결정된다.
- 물은 맥주의 품질을 좌우하는 직접적 요인으로 무색, 무취, 투명해야 하고 함유된 염류나 미량원소들도 중요하다. 맥아는 맥주의 주원료로서 곡립이 고르고 녹말질이 많고 단백질이 적으며 발아력이 좋은 것을 주로 사용한다.
- 홉은 맥주의 특유의 향기와 쓴맛을 부여하는 중요한 첨가물로서 맥주를 맑게 하고 잡균의 번식을 방지하여 보존성을 높여 주는 효과도 있다.

상식

맥주의 종류

1. 상면 발효 맥주

- 보리맥아를 사용하고 효모를 상온에서 단기간에 발효시켜 복잡한 향과 깊은 맛을 만들어 낸다. 영국, 아일랜드, 벨기에, 독일, 캐나다 동부 및 미국의 맥주가 일반적이다.
- 에일(Ale): 영국에서 처음 만들어진 맥주로 15~24℃의 상대적으로 높은 온도에서 발효시켜 탄산감이 약하고 특유의 향 또는 쓴맛이 느껴진다.

2. 하면 발효 맥주

- 10℃ 정도의 저온에서 발효시켜 여과가 쉬우며 깨끗하고 부드러운 맛과 향이 특징이다.
- 라거(Lager): 투명한 황금빛과 가볍고 밋밋한 향, 강한 탄산감이 특징인 맥주이다. 맥주의 대중화에 큰 기여를 한 술로 주변에서 흔히 볼 수 있는 맥주의 대부분이 라거에 속한다.

(2) 증류주

곡물이나 과실 또는 당분을 포함한 원료를 발효시켜 약한 주정분을 만들고 이를 다시 증류시켜 양조주보다 알코올 도수를 높인 술(알코올 도수는 35~60%)로 칵테일 제조 시 베이스로 많이 쓰인다.

위스키, 보드카, 브랜디, 진, 럼, 테킬라 등이 대표적이다.

① 위스키

맥주를 증류한 술로서 스카치 위스키(스코틀랜드 생산), 아이리쉬 위스키(아일랜드 생산), 아메리칸 위스키(미국 전역에서 생산), 캐나디안 위스키(캐나다에서 생산) 등이 있다.

② 보드카

동유럽 원산의 증류주로서 러시아어로 물을 뜻하는 바다(в о д а)에서 유래되었다. 수수, 옥수수, 감자, 밀, 호밀 등 탄수화물 함량이 높은 대부분이 원료로 쓰일 수 있으며 무색, 무취, 무미의 증류주이다.

③ 브랜디

포도주, 사과주 등 과실주를 증류하여 숙성시켜 만든 증류주이다. 원칙적으로 꼭 포도주가 아니어도 브랜디라 하지만 실제로는 포도주를 증류한 것만을 브랜디라 부른다. 프랑스 코냑 지역에서 생산되는 코냑, 프랑스 아르마냑

지방에서 생산되는 아르마냑 등이 있다.

④ 진

독특한 향을 내기 위해 주니퍼베리(노간주 나무 열매)를 알코올에 침전시켜 증류해 만든다. 알코올 도수는 대개 40% 이상이며 주로 칵테일을 제조하는 데 많이 사용된다.

⑤ 럼

사탕수수즙 또는 당밀 등의 제당 공정 부산물을 발효 증류시켜 만든 증류주로서 달콤한 냄새와 특유의 맛이 있고 알코올 도수는 45% 정도이다.

⑥ 테킬라

멕시코를 대표하는 증류주로서 알코올 농도는 35~55% 정도이다. 멕시코에서는 아무것도 섞지 않거나 곁들이지 않고 마시는 것이 보통이나 다른 나라에서는 소금, 라임과 함께 즐긴다. 주로 칵테일의 베이스로 쓰인다.

(3) 혼성주

과일이나 곡류를 발효시킨 주정을 기초로 하여 증류한 주정에 독특한 향기와 색 그리고 단맛을 가미하여 제조한 술이다. 프랑스에서는 Liqueur, 영국과 미국에서는 Cordial이라 부른다.

3) 식사에 따른 분류

(1) 식전주

식사 전에 식욕 증진을 도와주는 술로 타액과 위액의 분비를 활발하게 만드는 자극적인 것이 좋다.

식사 전에 취하지 않도록 적은 양을 마신다.

단맛이 적은 샴페인, 쉐리, 칵테일 등이 있다.

신맛, 쓴맛이 강한 것을 주로 마신다.

(2) 식중주

식사 중에 마시는 술로 맥주, 와인이 대표적이다.

코스 사이에 입맛을 새롭게 하고 소화를 돕는 역할을 하므로 알코올 농도가 높지 않고 혀나 위에 자극을 주지 않는 것이 좋다.

(3) 식후주

식사 후에 입가심이나 소화를 촉진시키기 위해 마시는 술로 알코올 도수가 높고 달콤한 술을 많이 선택한다. 브랜디와 리큐어가 대표적으로 스트레이트 혹은 언더락으로 마신다.

2. 음주 문화의 발전

음주 문화는 인류역사가 시작된 이래 수천 년 동안 자리 잡으며 다양한 사회적, 문화적 가치를 반영해 왔다. 전 세계 다양한 국가에서 음주는 각 나라의 역사, 관습, 사회적 규범을 반영한다. 그래서 식사 시 지켜야 할 매너가 있듯이 술자리에서도 지켜야 할 매너가 있다. 술자리의 나쁜 인상은 쉽게 잊혀지지 않는다는 것을 명심하고 올바른 음주 예절을 지키는 것이 중요하다. 특히 문화가 다른 사람과의 술자리에서는 상대방의 문화를 존중하고 배려하는 마음을 가져야 한다. 주도(酒道)는 인격을 평가하는 기본 척도로서 적당한 음주는 모임의 분위기를 좋게 하지만 지나친 음주는 분위기를 망칠 수 있으므로 늘 주의해야 한다. 상대방과 나의 주량을 알고 적당히 마시고 적당히 권하는 것이 주도의 기본임을 잊지 말아야 한다.

1) 동서양 음주 문화의 차이점

(1) 동양의 음주 문화

① 우리나라

- 한국은 술을 통해 상호 간의 관계를 다지고 소통하는 문화를 중요시한다.
- 특히 연장자에게 잔을 받을 때에는 두 손으로 잔을 들고 고개를 살짝 숙여야 한다.

- 연장자 앞에서는 고개를 살짝 돌리고 술을 마시며 첫 잔은 한 번에 마시는 것이 예의이다.
- 술잔이 비었을 때 술을 마신 사람이 술을 따라 준 사람에게 잔을 돌려주고 술을 마신 사람은 술을 따라 주는 식의 술잔을 돌리는 문화가 있다.

② 중국

- 중국의 음주 문화는 도덕적이고 철학적인 의미가 크다.
- 특히 유교와 도가 사상은 음주를 절제와 자제의 상징으로 여기며 과음을 경계하고 음주 매너를 중요하게 생각한다.
- 식사 시 술을 마시는 것을 즐기며 대부분의 일들이 술자리에서 결정이 되는 경우가 많다.
- 중국식 건배는 한 번에 마시고 건배 도중 잔을 내리는 것은 매너에 어긋난다.
- 술을 가득 따르는 것은 존경의 의미이고 항상 상대방의 술잔이 가득 차도록 첨잔을 해 주어야 한다.
- 첫 잔은 반드시 건배를 하며 상대가 권하는 술을 한 번에 거절하면 존경하지 않는 의미로 받아드려지므로 주의해야 한다.
- 우리나라와 달리 연장자와 술을 마실 때 고개를 돌리지 않고 술잔을 돌리지 않는다.
- 대신 술잔을 받고 술을 마실 때 연장자의 술잔보다 낮게 들어 존경의 표시를 한다.

③ 일본

- 일본은 술을 신성시하여 각종 축제와 의식에서 사케를 바치는 전통이 있다.
- 쌀로 빚은 사케는 흔히 정종이라 불리며 차게 마시거나 따뜻하게 데워 마신다.

- 일본 역시 중국과 마찬가지로 첨잔 문화가 있는데 술잔에 첨잔하지 않는 것은 술자리를 끝내자는 표시이다.
- 윗사람에게도 술은 한 손으로 따른다.
- 술을 그만 마시고 싶을 때에는 술잔을 손으로 가리거나 술잔에 술이 가득 찬 상태로 두면 된다.
- 남에게 피해를 주는 것을 꺼려하는 문화로 인해 술집에서 큰 소리를 내거나 주정하는 사람들을 찾아보기 힘들다.
- 이런 문화로 술값을 계산할 때도 똑같이 나누어 내거나 자신이 주문해 먹고 마신 것만 계산하는 것이 보통이다.

(2) 서양의 음주 문화

① 프랑스

- 프랑스에서는 와인을 마시는 것이 일상적이며 와인과 음식의 조화를 예술로 여긴다.
- 각 지역별로 다른 맛과 향이 있으며 와인은 식사자리에서 중요한 역할을 한다.
- 와인을 받으면 마시기 전에 상대의 눈을 보고 건배를 하는 것이 기본이다.
- 한 모금 마시고 잔을 내려 놓는 것이 매너이고 마시지 않고 바로 잔을 내려놓는 것은 비매너로 생각한다.
- 식사 중 와인을 본인이 직접 따라 마셔서는 안 되며 잔을 크로스 해서 마시는 것도 불행을 가져온다고 생각하기에 금기사항이다.
- 취한 사람은 몰상식하다고 여기기에 취할 만큼 마시지 않고 식욕을 돋구는 정도로만 마신다.

② 독일

- 독일의 '옥토버페스트'는 세계 최대 맥주 축제로 맥주는 독일인과 밀접한 관계를 가지고 있다.
- 독일은 전통적으로 맥주 제조 기술이 발달했으며 맥주를 통해 소속감을 느낀다.
- 독일은 타인에게 술을 권하지 않고 적당량을 마신다.
- 더치페이 문화로 만약 술을 더 마시고 싶을 때는 함께 마시는 사람들에게 술을 사야 한다.

③ 러시아

- 러시아의 보드카 문화는 매우 독특하며 보드카는 단순한 음료가 아닌 사회적 연결을 강화하는 수단으로 여겨진다.
- 특히 한 번에 마시고 잔을 비우는 것이 예의로 한 번에 마시지 않으면 예의 없는 사람으로 생각한다.
- 술을 받을 때 술잔을 들지 않는다.

④ 미국

- 미국은 술이 주로 개인적인 즐거움이나 여가 활동으로 여겨지기에 다른 나라에 비해 비교적 음주 예절이 너그러운 편이다.
- 그러나 술을 마실 수 있는 곳이 제한적이고 음주법이 엄격하다.
- 회식문화가 없으며 더치페이가 일상화되어 있다.
- 길거리에 취한 사람을 보기 힘들고 대부분의 주(州)는 야외에서 술병을 노출한 채 술을 마시면 처벌 받는다.

3. 와인(Wine) 매너

1) 와인의 정의

와인이란 포도의 즙을 발효시켜 만든 알코올성의 양조주를 일컫는다.

또한 넓은 의미로 과실이나 약초 또는 약초를 발효시켜 만든 알코올성 음료를 총칭하는 말로 확장되어 쓰인다.

와인의 품질은 포도의 종류, 상태, 생산지, 생산연도, 와인 제조 기술에 의해 분류된다.

와인은 생산 국가별 일조량, 포도품종 등이 다르기 때문에 맛이 모두 다를 수 있다.

2) 와인의 분류

(1) 와인의 색에 따른 분류

① 레드 와인

- 적포도의 껍질, 알맹이, 씨를 한꺼번에 과즙을 내어 들어 있는 붉은 색소와 탄닌까지 함께 발효시킨다.
- 처음에는 탄닌 성분으로 떫은 맛이 강하지만 숙성될수록 부드러워지며 깊은 맛을 낸다.
- 대표적 포도 품종으로는 까베르네 쇼비뇽, 메를로, 피노누아, 시라 등이 있다.

② 화이트 와인

- 껍질을 벗긴 주스만을 발효시킨 것으로 적포도주와 달리 껍질의 색소 추출 과정이 없다.
- 그러나 간혹 적포도의 껍질을 제거하고 알맹이만 압착하여 발효시키는 경우도 있다.
- 탄닌 함량이 적어 연한 황금빛을 띠고 부드럽고 상큼, 신선한 맛이 난다.
- 대표적 포도 품종으로는 샤르도네 소비뇽, 블랑 리즐링, 세미용 등이 있다.

③ 로제 와인

- 적포도를 으깨어 우러나오는 시점에 껍질을 제거하거나 발효 전 화이트 와인을 레드 와인 포도즙에 잠시 머물게 해 색을 얻는 방법으로 만든 핑크빛 와인이다.
- 맛은 화이트 와인에 가깝고 보존기간이 짧아 오래 숙성하지 않고 마시는 것이 좋다.

(2) 양조 방법에 따른 분류

① 주정강화 와인

일반 와인에 알코올이나 브랜드 원액을 첨가하여 도수를 높인 와인이다. 셰리(스페인), 포트(포르투갈), 마르살라(이탈리아)가 대표적이다.

가. 발포성 와인

- 발효가 끝난 와인을 병입한 후 설탕류의 당분과 효모를 첨가해 병 안에서 2차 발효를 통해 탄산가스가 용해되도록 만든 와인이다.
- 원칙적으로 프랑스 상빠뉴(Champagne) 지방에서 생산되는 발포성 와인만 샴페인(Champagne)이라 칭할 수 있다.
- 영어권 나라에서는 스파클링 와인(Sparkling Wine)이라 칭한다.
- 발포성이 아닌 일반 와인은 스틸 와인(Still Wine)이라 한다.

나. 아이스 와인

- 서리나 눈을 맞아 당도가 높아진 얼은 포도를 압착해 만든 와인이다.
- 독일에서 처음 만들어졌으며 캐나다로 건너가면서 상업화, 대중화가 이루어졌다.
- 당도가 높아 디저트 와인으로 적합하다.

다. 브랜디

- 화이트 와인을 증류시켜 얻은 증류주를 오크통에서 숙성하여 만든 술이다.

(3) 와인 라벨 읽는 법

가. 구대륙 와인(프랑스, 스페인, 독일, 이탈리아)

유럽과 같은 전통적인 와인 생산국의 라벨은 생산 지역과 와인 등급을 강조하며 포도 품종은 상대적으로 덜 중요하게 다룬다.

나. 신대륙 와인(미국, 호주, 뉴질랜드, 칠레)

신대륙 와인은 소비자들에게 정확한 정보를 제공한다는 의미로 생산 지역과 포도 품종을 표기하고 있다

상식

와인 라벨의 기본구조

1. 생산자 또는 샤토(Château) 이름

- 라벨에서 가장 눈에 띄는 정보는 와인을 생산하는 양조장 또는 와이너리의 이름이다. 이는 와인의 명성과 품질을 나타낸다.

2. 와인 이름

- 와인의 고유 이름으로 특정 포도 품종이나 생산지의 특성을 반영한다. 소비자가 와인을 선택할 때 참고할 수 있는 주요 요소이다.

3. 빈티지(Vintage)

- 포도가 수확된 연도를 의미한다. 해당 해의 기후 조건과 포도 품질을 반영하며 와인의 숙성 가능성과 맛에 중요한 영향을 미친다.

4. 원산지 명칭(Appellation)

- 와인이 생산된 지역을 나타내며 특정 지역의 기후와 토양이 와인에 미치는 영향을 보여 준다. AOC(Appellation d'Origine Controlee) 와인은 프랑스 와인의 가장 높은 등급으로 와인 라벨에 원산지, 즉 포도 재배 지명을 표기하고 포도 품종, 재배 및 제조 방법 등을 법률에 의해 엄격히 통제하고 있다.

5. 와인 등급(Classification)

- 특정 와인의 품질을 나타내는 요소로 프랑스의 경우 Grand Cru 또는 Premier Cru 같은 등급이 흔히 쓰이며 품질을 보증하는 지표가 된다.

3) 와인 보관 방법

(1) 10~15℃ 사이의 서늘한 곳에 보관

- 발코니 같은 온도변화가 심한 곳이나 일반 냉장고 같이 음식 냄새가 나는 곳은 적절치 않다.

(2) 습하고 어두운 곳에 눕혀서 보관

- 습도 60~70% 사이

4) 와인 서비스 매너

(1) 화이트 와인 → 레드 와인

(2) 맛이 가벼운 와인(Light bodied wine) → 맛이 풍부한 와인(Full bodied wine)

(3) 숙성 기간이 짧은 와인 → 숙성 기간이 오래된 와인 순서로 서비스한다.

상식

- **Wine Decanting(와인 디켄팅):** 와인을 공기와 닿게 하는 것
- 찌꺼기가 많은 레드 와인, 숙성이 덜 된 레드 와인, 일부 화이트 와인을 디켄더에 옮겨 담아 공기 중 산소에 노출시켜 향미가 풍부하고 부드럽게 해 주며 와인의 침전물을 분리해 더 깨끗하고 신선하게 만들어 준다.

5) 와인 잔 다루는 방법

(1) 와인 잔을 잡을 때는 잔의 기둥(Stem) 부분을 잡는 것이 원칙이다. 이는 와인의 온도를 유지하고 잔에 지문이 남는 것을 방지하기 위함이다.

(2) 와인의 종류에 따라 적합한 잔을 선택해야 한다.

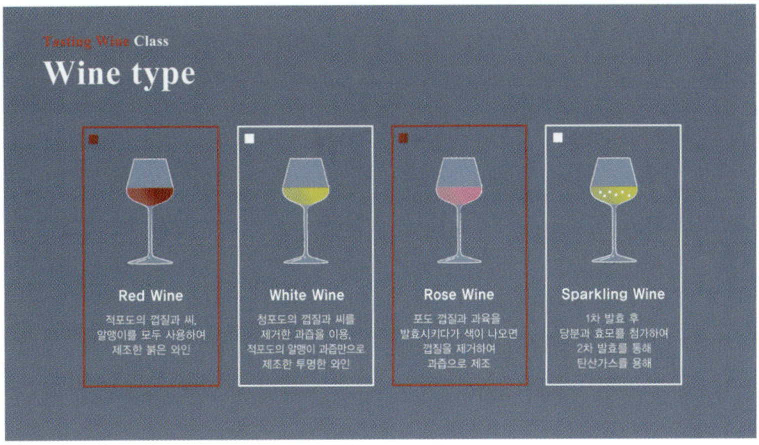

① 레드 와인: 바디가 넓고 입구가 넓은 형태여야 와인의 향과 떫은 맛의 균형을 잡아 준다.

② 화이트 와인: 잔이 작고 지름이 짧으며 표면적이 좁은 것을 선택해야 와인의 상큼한 맛과 찬 기운을 유지할 수 있다.

③ 샴페인: 잔이 좁고 높아 향이 잘 집중될 수 있도록 한다.

6) 와인 따르는 법

(1) 와인을 따를 때는 상대방이 와인 정보를 쉽게 볼 수 있게 병 라벨이 상대방을 향하도록 한다.

(2) 와인을 따르기 시작할 때는 서서히 따르다가 마지막에 병을 살짝 기울여 마지막 한 방울까지 우아하게 따르는 것이 좋다.

7) 와인 시음 매너

(1) 와인 시음 전에 와인 잔을 적절한 각도로 기울여 와인 색을 관찰한다.

- 와인 색은 와인의 숙성 정도와 품질을 가늠하는 하나의 방법이다.

(2) 와인을 잔에 따른 후에는 잔을 가볍게 돌려 와인이 산소와 접촉하도록 한다.

- 이 과정을 '스웰링'이라 하는데 와인 향을 더 풍부하게 만들어 준다.

(3) 잔을 살짝 기울여 코를 잔 가까이 가져가 숨을 천천히 들이마시며 와인의 향을 느낀다.

(4) 와인을 마실 때는 한 번에 마시기보다는 조금씩 음미하면서 마신다.

(5) 잔을 완전히 비우지 말고 조금 남겨서 첨잔을 받는 것이 바람직하다.

(6) 레드 와인은 실온(16~18℃)에서 마셔야 제대로 맛을 느낄 수 있다.

(7) 레드 와인은 와인 잔의 1/3 정도 따라야 한다.

(8) 화이트 와인은 차게 해서 마셔야 제대로 된 맛을 즐길 수 있다.

- 샴페인(10~12℃), 스파클링 와인(5~8℃)

(9) 화이트 와인은 와인 잔의 1/2 정도 따라야 한다.

(10) 와인을 받을 때는 잔을 드는 것이 아니라 그냥 바라보고 있거나 테이블에 맞다은 베이스 부분에 손을 살며시 대고 있는다.

(11) 윗사람 앞에서 고개를 돌려 마시지 않는다.

(12) 마지막에 남아 있는 와인은 불순물이 있을 수 있으니 서비스하지 않는다.

상식

호스트 테스팅

- 초대한 사람 또는 와인을 주문한 사람이 와인을 미리 시음하여 이상 여부를 확인하는 절차로 와인의 라벨을 고객에게 보여 준 후 주문한 와인이 맞는지 확인한다.
- 선택한 와인을 오픈한 후 코르크를 호스트에게 주면 코르크가 충분히 젖어 있는지 상한 냄새가 나지 않는지를 확인한다.
- 와인 잔에 1/6 정도 따른 후 시음하게 한다.
- 잔을 두세 번 돌려 와인의 향을 맡아 본다.
- 와인을 한 모금 넣어 입안 전체를 적신다.
- 호스트가 만족하면 와인 잔의 1/3 정도 따른다.
- 여자 손님부터 먼저 와인을 따르게 한다.
- 잔이 모두 채워지면 호스트가 건배를 제의한다.

CHAPTER

07

커뮤니케이션 매너

학습목표

1. 커뮤니케이션의 정의와 중요성에 대해 이해할 수 있다.
2. 커뮤니케이션의 기본요소와 스킬에 대해 이해할 수 있다.
3. 비언어적 커뮤니케이션에 대해 이해할 수 있다.
4. 전화예절에 대해 이해할 수 있다.
5. 온라인 커뮤니케이션에 대해 이해할 수 있다.

1. 커뮤니케이션의 정의

커뮤니케이션의 사전적 의미는 라틴어 'communus'에서 유래된 것으로 '공통적으로 나누어 갖는다'라는 의미이다.

어원을 통한 일반적인 정의는 상징이나 언어, 매체 등을 통해 의견을 주고받는 행위나 과정으로 인간만이 가지고 있는 고유의 능력이라 할 수 있다.

2. 커뮤니케이션의 중요성

커뮤니케이션은 '사람들끼리 서로 생각, 느낌 따위의 정보를 주고받는 일, 말이나 글 그 밖의 소리, 표정, 몸짓 따위로 이루어진다'라는 사전적 의미가 있다.

즉, 커뮤니케이션은 상대에게 말하기, 듣기로 의사를 전달하는 언어적 커뮤니케이션과 몸짓, 표정, 자세, 눈맞춤 등을 통해 전달하는 비커뮤니케이션으로 구분할 수 있다.

커뮤니케이션의 기본은 화려한 말솜씨가 아니라 상대방을 진심으로 대하는 태도와 상대방을 존중하는 마음가짐이다.

3. 커뮤니케이션의 기본요소

1) 말하기

- 등을 펴고 바른 자세를 유지한다.
- 신뢰감이 느껴지는 목소리로 말한다.
- 밝고 명랑한 표정으로 상대방을 마주 보고 대화한다.
- 정확한 발음과 밝은 목소리로 대화한다.
- 정중함을 표현하기 위해 완전한 문장으로 말한다.
- 속도 조절에 주의한다.
- 말끝을 흐리지 말고 명료하게 한다.
- 상대방이 알아듣기 쉬운 단어를 사용해 상황에 맞는 적절한 표현을 한다.
- 듣는 이의 입장을 고려한다.
- 일방적인 이야기나 소문, 험담 등은 하지 않도록 주의한다.

2) 듣기

- 잘 듣는다는 것은 좋은 대화와 의사소통의 기초가 된다.
- 다른 일을 하거나 딴생각을 하면서 듣지 않는다.
- 자신의 이야기를 전달하기보다는 상대방의 이야기를 먼저 경청한다.
- 자신과 의견 차이가 있어도 상대방의 이야기를 끝까지 경청한다.
- 상대방이 전하려는 메시지의 핵심을 파악할 수 있어야 한다.
- 긍정적인 태도를 보이며 모르는 부분은 중간중간 질문한다.
- 대화가 끝나갈 무렵에 요점을 정리해 상대방에게 한 번 더 확인해 본다.

4. 효과적인 커뮤니케이션 스킬

1) 명령형은 권유형, 청유형으로

- 사람은 자신의 의지에 따라 움직이고 싶어 하기에 자신도 모르게 명령조로 이야기하는 경우가 많다.
- 하지만 반대로 상대방에게 지시나 명령을 들으면 기분이 상하거나 저항심이 생긴다.
- 명령형은 듣는 사람을 무시하고 일방적으로 강요하는 듯한 느낌을 주는 데 비해 권유형, 청유형은 상대방을 존중하며 부탁을 하는 것이다.
- "~~해라" "~~하세요" 가 아닌 "~~ 해 주시겠습니까?" "해 주시면 감사하겠습니다" 이렇게 표현만 달리해도 상대의 마음을 움직일 수 있다.

2) 부정형보다는 긍정형으로

- "없습니다" "안됩니다" 등 부정형 화법은 상대의 마음을 상하게 하여 불쾌감을 느끼게 한다.
- "지금은 없지만 찾아봐 드리겠습니다" "안되지만 가능한 방법을 찾아보겠습니다" 등 최대한 완곡하고 긍정적인 표현으로 상대를 설득하는 것이 좋다.
- "미안하지만" "번거로우시겠지만" 등 쿠션어(대화의 완충 작용을 하는 표현)를 사용해 상대의 기분을 배려하는 것이 좋다.

3) I-Message 사용

- 대화의 주체가 '너'가 아닌 '나' 자신이 되어 상대에게 표현하는 대화 방식이다.
- 상대에게 자신의 의사를 충분히 전달하면서도 상대방이 기분 나쁘지 않게 자신의 행동을 반성하고 개선할 마음을 갖게 한다.
- "넌 왜 그렇게 하니?" (X) → "네가 그렇게 하니 내가 속상하구나" (O)
- "넌 왜 매일 지각이니?" (X) → "네가 학교에 늦을 때마다 내가 많이 걱정이 돼" (O)

4) 그 밖에 올바른 경어 사용, 호칭 사용 등

- 우리나라 말은 다른 어떤 언어보다 경어법이 복잡하고 어렵다.
- 경어란 이야기의 주체가 되는 인물이나 이야기를 듣는 상대에게 언어로써 높이거나 낮추어 전하는 언어표현이다.
- 경어로는 존경어, 겸손어, 정중어가 있다.

① 존경어: 말하는 사람보다 말의 주체가 되는 사람이 높은 경우 "-시"를 넣어 존경을 표현하는 것이다.
어머니께서 음식을 만든다(X) → 어머니께서 음식을 만드신다(O)

② 겸손어: 자기를 낮추어 간접적으로 상대방을 존경하는 표현법이다.
"제가 말씀드리겠습니다"처럼 내가 문장의 주체가 될 때 나를 낮추어 표현한다.

③ 정중어: "~~께서 말씀하십니다" 같은 정중한 응대를 하는 표현이다.

5) 커뮤니케이션 시 지켜야 할 매너

- 화제(대화의 소재)의 범위가 넓어야 한다.
- 상대방이 무엇을 하는지, 어떻게 하는지 등 관심을 보여야 한다.
- 상황에 따라 주제의 변경과 적절한 화제를 선택해야 한다.
- 상대방의 관심사를 화제로 한다.
- 상대방의 얘기 중에 끊거나 끼어들지 않는다.
- 적절한 칭찬을 사용한다.
- 사적인 얘기를 할 때와 하지 말아야 할 때를 구별한다.
- 그룹 내의 특정 소수하고만 대화하지 말고 다양한 사람들과 대화한다.
- 유머감각을 가지고 분위기를 이끌어 나간다.
- 현대 사회에서는 유머가 전략이 될 수 있다.

6) 커뮤니케이션 시 피해야 할 주제

- 돈에 관련된 주제
- 건강에 관련된 주제
- 너무 알려진 진부한 주제
- 뜬소문이나 루머
- 종교, 정치적인 민감한 주제

5. 비언어적 커뮤니케이션

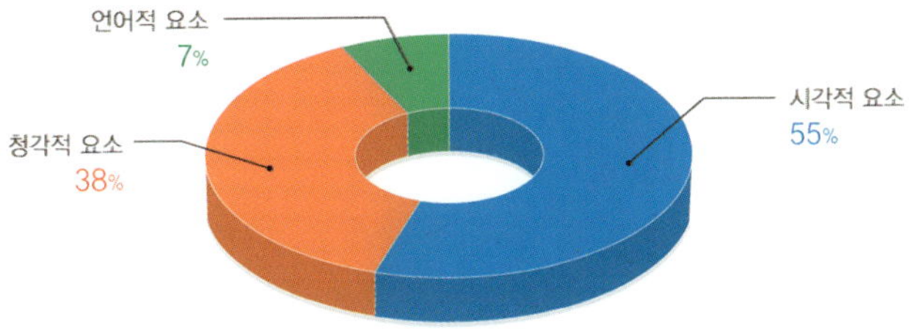

메러비안의 법칙

미국 사회심리학자인 앨버트 메러비안(Albert Mehrabian)은 의사소통에서 표정, 몸짓, 태도 등 시각적 요소가 55%, 목소리, 억양, 발음 등 청각적 요소 38%, 말의 내용인 언어적 요소는 7%에 불과하다는 메러비안 법칙을 발표했다.

즉, 우리가 사람들과 대화 시에는 단어, 문장 등을 이용한 말의 내용보다 비언어적인 시각적 요소가 매우 중요하다는 뜻이다.

1) 표정

감정이나 생각을 가장 잘 표현하는 비언어적 수단으로 몸짓, 얼굴 표정이 조화를 이루어야 한다.

특히 미소 띤 밝은 얼굴은 대화의 분위기를 유쾌하게 만들고 누구에게나 호감을 주어 대화를 쉽게 이루어질 수 있도록 한다.

2) 눈맞춤

상대방에게 관심이 있고 대화에 경청하고 있음을 알리기 위해 상대의 눈을 바라보는 것이 중요하다.

시선을 자주 돌리거나 다른 곳을 응시하고 있는 경우 상대에게 신뢰감을 주지 못하고 부정적이거나 무관심하다는 표현으로 받아들여진다.

3) 제스처(몸짓)

대화 시 신체적 동작을 통해 언어적 커뮤니케이션의 부연 설명이나 이해도를 높힐 수 있다.

자연스럽고 대화 내용과 잘 어울리는 몸짓은 언어가 통하지 않는 국가나 문화에서도 통용될 수 있는 중요한 수단이다.

또한 문화적인 차이로 오해할 만한 동작들은 미리 익혀 무례를 범하는 일이 없도록 해야 한다.

4) 거리

대화를 할 때 상대와 어느 정도의 거리를 둘 것인가는 문화권에 따라 차이를 보인다.

일반적으로 아시아 > 미국 및 유럽권 > 중남미, 중동권의 순으로 대화 시 거리가 짧아진다.

상식

실수하기 쉬운 제스처

1. 엄지손가락 치켜세우기

많은 국가에서 '좋다, 훌륭하다'의 의미지만 그리스나 중동 일부 지역에서는 거절을 하는 의미이다.

2. V 사인

손바닥이 밖을 향하게 하고 검지와 중지로 V자를 만드는 것은 많은 국가에서 승리나 평화를 의미하지만 영국, 호주, 뉴질랜드에서는 손등이 밖을 향하는 V 사인은 경멸, 외설의 의미를 가진다.

3. OK 사인

엄지와 검지로 동그라미를 만드는 이 제스처는 많은 국가에서 '좋다, 괜찮다'의 의미이지만 프랑스에서는 '제로, 가치없다'의 뜻으로 쓰이고 브라질, 남미에서는 음란하고 외설적인 의미로 쓰인다.

4. 손 흔들기

손바닥을 보이며 손을 흔드는 것은 많은 국가에서 인사를 의미하지만 그리스에서는 '지옥에나 가라'라는 강한 멸시와 모욕적인 의미를 가질 수 있으니 주의해야 한다.

5. 손바닥을 아래로 하여 손짓하는 행위

대부분의 국가에서는 '오라'는 의미이지만 서구 지역은 '가라'는 의미이다.

6. 고개를 위, 아래로 흔드는 행위

대부분의 국가에서는 긍정(Yes)의 의미이지만 불가리아, 그리스는 부정(No)의 의미이다.

7. 손가락으로 가리키기

많은 국가에서는 물건이나 방향을 가리킬 때 검지를 사용하는 것이 일반적이지만 사람을 직접 가리키는 건 무례하다고 여겨진다.

아시아 일부 국가에서도 검지로 가리키는 것을 무례하다 여기며 대신 손바닥 전체로 가리키는 것이 더 예의 있다고 생각한다.

8. 합장

태국, 기타 불교 국가에서는 인사의 의미지만 핀란드에서는 거만함의 표시이다.

6. 전화예절

1) 중요성

(1) 업무의 기본: 전화는 오늘날 정보화 시대의 필수적인 도구이자 고객과 기업의 업무를 이어 주는 매우 중요한 연결 통로이다.

(2) 보이지 않는 커뮤니케이션: 전화는 시각적 요소를 배제하고 대화하기에 예절이 특히 중요하다.

(3) 기업의 첫 이미지: 고객은 기업 방문 전에 직원의 전화응대를 통해 그 기업의 이미지를 판단한다.

(4) 예고 없이 찾아오는 고객: 언제 어떤 고객의 전화가 걸려 올지 예상 못하므로 신속, 정확, 정중하게 응대하는 매너가 필요하다.

2) 전화 매너의 특징

(1) 무형성: 전화는 상대가 보이지 않고 대화 내용도 형태가 없다.
이는 유형 커뮤니케이션 매너와 다른 센스를 필요로 하며 더욱 예의와 정성을 갖추어야 한다.

(2) 동시성: 송신자에 의해 메시지가 생산됨과 동시에 수신자에 의해 소비되는 특성이 있으므로 상대방에게 실수는 나쁜 매너로 각인되어 수습하기 어렵다.

(3) 인간 주체: 전화 매너는 사람에 의해 만들어진다.
사람과 상황에 따라 응대 매너가 달라지므로 사람의 자질이 중요하다.

3) 전화 매너 기본 자세

(1) 미소 띤 음성으로 친절하게 받는다.
(2) 전화벨이 3번 울리기 전에 신속하게 받는다.
(3) 정중하고 정확하게 받는다.
(4) 용건만 간단히 통화한다.
(5) 집중하며 상대방의 말에 적극적으로 경청한다.
(6) 통화 연결 시 상대방을 오래 기다리게 하지 않는다.
(7) 큰 소리로 통화해 주변 사람들에게 피해 주지 않는다.

4) 휴대전화 매너

(1) 공공장소와 근무 시간에는 무음 또는 진동으로 해 둔다.

(2) 공공장소에서는 목소리를 낮추고 짧게 통화한다.

(3) 공공장소에서 화상통화를 자제한다.

(4) 통화 시 상대방이 통화 가능한 상황인지 물어보고 용건을 간단히 말한다.

(5) 공연장, 극장 등에서는 전원을 꺼 두어 다른 관람객들에게 방해되지 않게 한다.

(6) 병원 의료 장비나 비행기 안에서는 휴대전화를 사용하지 않는다.

(7) 모바일 게임, DMB 시청 음악 감상 시 타인에게 방해되지 않게 한다.

(8) 상대방이 운전 중일 때는 다시 통화를 약속하고 끊는다.

(9) 문자 메시지를 보낼 때에는 발신자 이름을 적어 보낸다.

(10) 누군가와 함께 있을 때 통화를 해야되는 상황이면 상대방에게 양해를 구한다.

(11) 카메라폰으로 타인의 인권이나 사생활을 침해하지 않도록 한다.

상식

카카오* 매너

1. 메시지를 보내기 전에 한 번 더 내용을 확인해 본다.
2. 띄엄띄엄 보내지 말고 메시지는 한 번에 보낸다.
3. 내가 메시지를 보내려는 사람이 맞는지 다시 한번 확인한다.
4. 이모티콘은 사용하지 않거나 적당히 사용한다.
5. 줄임말, 틀린 맞춤법 등을 확인해 전송한다.
6. 메시지 확인 후 빠른 답장을 한다.
7. 너무 이르거나 늦은 시간에는 사용을 자제한다.
8. 단체톡에서는 답을 길게 하지 않는다.
9. 친하지 않은 사이에 게임 알림 등은 하지 않는다.
10. 단체톡에 없는 사람을 비방하거나 험담하지 않는다.

7. 온라인 커뮤니케이션

1) 온라인 커뮤니케이션 중요성

시간과 장소에 구애받지 않고 편리하게 대화를 나눌 수 있는 장점으로 온라인 커뮤니케이션의 중요성은 날로 높아지고 있다.

이제는 우리의 주된 소통 방식이 온라인 커뮤니케이션이라 해도 과언이 아닐 정도로 우리 사회에서 흔히 볼 수 있는 소통 방식이다.

특히 휴대폰, 컴퓨터, 인터넷 없이 살 수 없는 요즘 우리는 디지털 환경에서 수많은 사람들과 다양한 방식으로 교류하는 세상에 살고 있다.

이런 새로운 디지털 환경에서 살아가는 구성원들이 지켜야 할 예절을 '디지털 에티켓'이라 부른다.

2) 온라인 커뮤니케이션 특징

(1) 비대면 커뮤니케이션

언제 어디서나 자유롭게 소통할 수 있지만 비대면으로 이루어지기에 비언어적 표현의 부족으로 의사소통의 오해가 생길 수 있으므로 더욱 신중한 언어선택과 표현이 중요하다.

(2) 응답의 즉시성

디지털 기기를 통한 메시지 소통은 대부분 즉시적이라 할 수 있다.

빠른 응답이 기대되기도 하지만 그럴수록 더욱더 조심스럽고 신중한 언어선택 및 소통이 필요하다.

(3) 다양한 플랫폼에서의 에티켓

각 플랫폼마다 적절한 커뮤니케이션 방식을 활용해야 한다.

비즈니스 이메일과 SNS 소통은 다른 매너와 방식이 필요하다.

3) 디지털 에티켓

(1) 디지털 에티켓의 중요성

누군가를 만날 때 첫인상이 중요한 것처럼 온라인 환경에서의 첫인상 또한 매우 중요하다.

디지털 플랫폼에서의 대화나 행동은 타인에게 나의 가치관, 생각 등을 간접적으로 보여 줄 수 있기에 잘못된 표현, 무례한 단어 선택 등으로 부정적인 인상을 주지 않도록 주의해야 한다.

4) 디지털 에티켓의 특징

(1) 명확한 표현

상대의 표정이나 몸짓을 통한 비언어적 커뮤니케이션의 의미를 파악하기 어려우므로 글 형태의 메시지를 명확하고 정확히 표현해야 한다.

이해하기 어려운 전문용어나 애매모호한 표현보다는 간결하고 쉬운 언어, 표현을 사용한다.

(2) 개인정보 보호 원칙

디지털 환경에서는 개인정보 유출 위험이 있을 수 있다.

따라서 자신의 개인정보뿐만 아니라 타인의 개인정보 역시 무분별하게 전송하거나 공유하면 안된다.

특히 주민등록번호, 주소, 연락처 등의 중요한 개인정보는 온라인상에서 절대 공개하지 않도록 주의한다.

상식

똑똑한 AI가 만든 언어의 세계

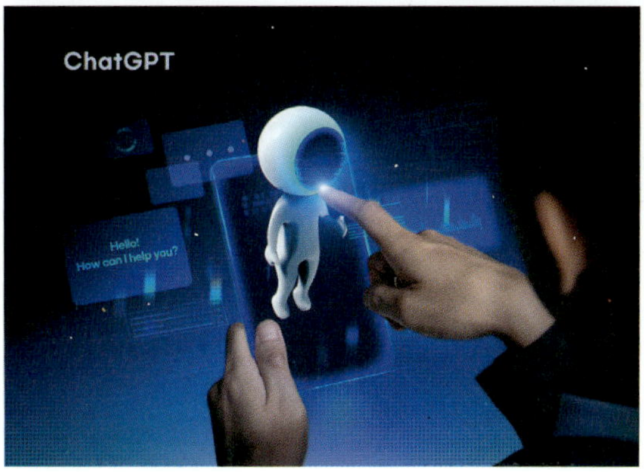

1. 챗봇(ChatBot)

인공지능 서비스 중 우리가 유용하게 활용하는 기능인 챗봇은 대화하는 로봇이라는 뜻으로 대화 형태의 흐름을 통해 우리가 원하는 바를 수행하도록 도와주는 인공지능 서비스이다.

금융업계, 유통업계 등 다양한 산업에서 자체 앱 고객지원 서비스를 제공해 주고 소규모 매장에서도 메신저 앱의 특정 기능을 활용해 간단한 문의 사항을 처리하고 있다.

2. 챗지피티(ChatGPT)

OpenAI에서 개발한 GPT를 기반으로 하는 대화형 인공지능 서비스이다.

다른 챗봇들과 달리 주고받은 대화와 문맥을 기억해 인간과 같이 상세하고 논리적인 글을 완성할 수 있다.

다만 챗지피티(ChatGPT)가 내놓는 정보의 신뢰도에는 한계가 있어 그럴듯한 답변을 만들어 내는 과정 중에 잘못되거나 왜곡된 정보를 포함시키는 사례가 빈번하게 발견된다.

요즘 챗지피티(ChatGPT)를 답안지처럼 사용하는 경우가 많은데 큰 문제가 될 수 있음을 반드시 기억해야 한다.

무작정 복사하거나 만들어 준 내용을 그대로 사용하는 경우 표절의 소재가 있을 수 있다.

5) 이메일 매너

(1) 직장에서 가장 많이 쓰는 소통 수단인 이메일에도 지켜야 할 매너가 있다.

(2) 제목만 보고도 용건 파악이 가능할 수 있도록 주요 키워드를 담은 제목을 넣는다.

(3) 제목 앞에 중요, 협조, 긴급 등 말머리를 넣으면 수신자가 해야 할 일을 빠르게 파악할 수 있다.

(4) 결론부터 서두에 간략하게 적어 본문의 주요 내용을 한눈에 파악할 수 있도록 적는다.

(5) 숫자나 기호, 색상, 등을 이용해 본문 내용을 정리하면 메일 요점 파악이 쉽다.

(6) 첨부 파일명도 어떤 파일인지 제목만 봐도 알 수 있도록 깔끔하게 정리한다.

6) 화상회의 매너

(1) 시간적, 공간적 제약 없이 탄력적으로 근무하는 환경에서 화상회의는 최근 지속적으로 늘어 가는 추세이다.

(2) 기본 준비 없이 화상회의에 참여한다면 사용법이 익숙지 않아 회의에 지장을 줄 수 있으니 플랫폼 사용법, 인터넷 상태, 비디오, 오디오 설정 등을 미리 점검해야 한다.

(3) 소음이 많은 곳에서는 소통이 어려울 수 있으니 조용한 공간을 선택해야 한다.

(4) 노트북 사용 시 하울링(내장된 스피커에서 소리가 다시 마이크로 들어가는 현상) 문제를 방지하고자 헤드셋을 준비한다.

(5) 회사 출근 시와 동일한 옷차림, 헤어, 메이크업으로 화상회의에 참여한다.

(6) 시선이나 주의를 분산시키는 배경을 피해 단순한 배경으로 세팅해 참여한다.

(7) 정시에 접속하거나 늦게 참여하는 것은 비매너로 정해진 시간보다 5~10분

정도 일찍 입장해 참석자들과 미리 인사를 나누는 것이 좋다.

(8) 화면에 내 얼굴이 노출되므로 상대방의 발언 시 딴생각을 하거나 화면 밖으로 숨는 것이 아니라 경청하고 고개를 끄덕이는 듯 집중하는 모습을 보인다.

(9) 회의를 할 때 음성, 화면에만 신경 쓰지 않고 채팅창 기능을 활용하는 것도 좋은 방법이다.

(10) 회의 진행 시에는 음소거로 해 두고 발언할 때만 음소거를 끈 후 얘기하는 것이 좋다. 그렇지 않으면 타자 소리, 주변 소음 등으로 인해 회의에 방해될 수 있다.

7) SNS(Social Networking Service) 매너

SNS는 사용자 간의 자유로운 의사소통과 정보 공유, 인맥 확대 등을 통해 사회적 관계를 생성하고 강화해 주는 온라인 플랫폼을 의미한다.

SNS는 이제 단순한 소셜 플랫폼을 넘어 우리의 일상과 현실을 연결해 주며 전 국민의 일상이 되었다.

SNS는 누구나 내용을 볼 수 있는 공개형뿐만 아니라 비공개형으로도 사용하지만 어떤 형태든 비밀 보장이 안된다는 점에서 매너가 필요하다.

(1) 상대방의 상황 등을 고려해 메시지를 보내야 한다.
아무리 급한 상황이더라도 시도 때도 없이 보내서는 안된다.

(2) 확인되지 않은 정보를 공유하거나 퍼 나르는 행동은 하지 않아야 한다.
가장 문제가 되고 있는 사회적 문제이다.

(3) 저작권에 문제가 없는지 확인해야 한다.

-디지털 자산(영화나 음원 등)이 늘어나면서 저작권 문제가 주목받는 만큼 타인의 창작물을 공유하거나 사용하는 경우 정당한 절차를 통해야 한다.

(4) 사생활 침해요소가 있는 타인의 소식, 사진 등을 허락 없이 게시하면 안된다.

공유가 빠르고 쉬운 만큼 주의해야 한다.

특히 친한 사이일수록 더욱 배려가 필요하다.

(5) 숫자에 집착하지 않기

인플루언서(Influencer: 영향력 있는 개인)들은 소통을 위한 활동보다 공유 숫자에 관심이 많고 일반인들도 숫자(좋아요 또는 댓글 수)를 보며 소통 척도로 판단하는 경우가 많다.

하지만 숫자에 집착하기보다는 공유할 수 있는 정보나 소식에 집중하자.

CHAPTER 08

글로벌 이미지메이킹

학습목표

1. 첫인상의 의미를 파악하고, 첫인상의 중요성을 이해한다.
2. 좋은 인상의 의미와 나에 대한 이미지를 진단, 분석한다.
3. 이미지의 개념과 세부내용을 이해한다.

1. 첫인상의 이해

대인관계를 통하여 살아가는 현대 사회에서 첫인상은 매우 중요하다. 직장이나 학교생활을 포함한 모든 사회생활 영역에서 첫인상은 인간관계의 시작을 비롯해 많은 부분에 영향을 준다. 흔히 사람들은 상대방의 일에 대한 능력 이외에도 그의 인상이나 말씨 등을 토대로 그의 됨됨이 및 일에 대한 능력을 평가하는 경향이 있다. 그런데 이렇게 한번 형성된 인상이나 이미지는 한번 형성되면 훗날 이를 바꾸기까지 무던한 노력과 많은 시간이 필요하다. 그만큼 첫인상이 중요하다는 의미이며, 좋은 느낌의 첫인상을 형성하기 위하여 우리가 노력해야 하는 이유이기도 하다.

1) 첫인상이란

살아가는 동안 "첫인상과 상당히 다르구나.", "첫인상은 깍쟁이인 줄 알았는데, 의외로 털털한걸?" 등의 얘기를 들어 본 적이 있을 것이다. '첫인상'의 사전적 의미를 살펴보면, '첫눈에 느껴지는 인상'이라고 되어있다.(네이버 국어사전 참조)

첫인상은 체형을 포함한 복장, 말투, 걸음걸이, 착석 모양, 표정, 손짓, 몸짓 등의 단서들로 이루어진다고 한다.

결국 개인의 이미지는 본인이 아닌 타인이 보고 느낀 것에 의해 형성된다 할 수 있다.

3~30초의 짧은 시간 동안 개인의 첫인상이 결정되고, 이로 인하여 호감/비호감이 결정된다는 것은 어찌 보면 상당히 억울하고 황당한 일이다. 하지만, 이러한 첫인상이 한 개인은 물론 개인이 속해 있는 단체나 기업에 대한 평가에도 영향을 미친다는 점은 단순히 억울하고 황당하게만 여길 일은 아닐 것이다.

이렇듯 대인관계가 상당히 중요한 사회에서 호감을 줄 수 있는 첫인상과 이미지 연출은 성공적인 사회생활을 위하여 우리 모두가 갖추어야 할 필수 요소임을 이해할 수 있다.

2) 첫인상의 효과

첫인상은 아주 짧은 시간 동안에 상대방의 개인적인 느낌으로 형성된다. 개인적인 느낌에 결정적인 요인이 되는 심리적 효과를 알아보자.

(1) 초두효과(Primary Effect)

초두효과는 처음에 받아들인 정보가 그 뒤에 정보보다 훨씬 강하게 작용한다는 것을 의미한다. 일반적으로 '첫인상은 쉽게 변하지 않는다.' 혹은 '첫인상을 바꾸기란 하늘의 별따기이다.'라는 말을 한다. 이렇듯 먼저 들어온 정보가 나중에 들어온 정보보다 전반적으로 더 강한 영향력을 갖고 있기 때문에 한번 형성된 첫인상을 바꾸기 위해서는 첫인상 형성 때보다 훨씬 많은 시간과 노력이 필요하다는 것을 예상할 수 있다.

실습 나의 첫인상 단어

나를 표현하는 단어?

- 깨끗한
- 친절한
- 명랑한
- 인사 잘하는
- 착한
- 까칠한
- 소심한
- 상냥한
- 매력적인
- 과감한
- 적극적인
- 앞장서는
- 걱정이 많은
- 매력적인
- 조심성 있는
- 털털한
- 도전적인
- 낙천적인

■ 내가 생각하는 '나'를 표현하는 단어는?

■ 타인이 생각하는 '나'를 표현하는 단어는?(다른 사람에게서 많이 듣는 단어는?)

(2) 후광효과(Halo Effect)

후광효과는 어떤 사람을 평가할 때, 그 사람이 가지고 있는 장점이 다른 부분에도 영향을 미치는 현상을 의미한다. 대인관계가 탁월함이 업무 능력에서도 좋은 평가로 이어진다는 것이 가장 보편적인 예시라 할 수 있다.

(3) 부정성효과(Negative Effect)

개인의 인상 형성에 있어 부정적 특징이 더 강하게 작용하는 현상을 말한다. 부정적인 특성이 하나만 있어도 그 개인이 가지고 있는 긍정적 특성을 상쇄시킬 정도로 영향력이 크기에 부정적 인상은 긍정적 인상보다 변화를 위하여 더 많은 노력과 시간이 필요하다는 것을 짐작할 수 있다.

(4) 맥락효과(Context Effect)

맥락효과는 자료 제공의 순서가 결과에 영향을 미친다는 것이다. 쉽게 설명하면, 처음에 접하는 정보는 이후 제공되는 정보에 영향을 미치고, 그 뒷 순서의 정보에 영향을 미친다는 것이다. 이렇듯 앞 순서의 정보가 뒤따라 제공되는 정보에 영향을 주어 전체적인 맥락을 제공하는 것을 뜻한다.

〈표 1〉 첫인상의 효과

구분	내용
초두효과	처음에 받아들인 정보가 그 뒤에 정보보다 훨씬 강하게 작용한다는 것
후광효과	그 사람이 가지고 있는 장점이 다른 부분에도 영향을 미치는 현상
부정성효과	부정적 특징이 더 강하게 작용하는 현상
맥락효과	처음에 접하는 정보는 이후 제공되는 정보에 영향을 미치고 전체 맥락을 만드는 것

실습

첫인상의 효과 4가지 중 한 가지를 선택하여, 본인의 경험을 예시로 토론해 보자.

- 선택 효과:

- 선택 예시:

- 선택 이유:

2. 이미지의 이해

1) 이미지(Image) 정의

'이미지(Image)'라는 단어를 나무위키에서는 "사람이 머릿속 생각을 외부로 표출한 그림이나 물건 등을 나타내거나, 사람, 단체, 물건 등의 인상을 나타낼 때 쓰인다."라고 정의한다.

간단히 말해서 이미지는 사람이나 사물과 같은 대상에 대하여 마음에 떠오르는 직관적인 인상을 말한다.

사람들은 다른 사람들을 만나면서 그 사람에게 어떠한 이미지를 부여하고 그 이미지를 가지고 평가한다. 내가 상대방을 이미지로 평가하듯이, 상대방에게 '나는 어떤 모습으로 비춰질까?, 나를 어떻게 생각할까?'라는 고민을 하는 것은 현대 사회를 사는 일반적인 사람들의 보편적 생각이라 할 수 있다.

(1) 내적 이미지

개인의 내면에 존재하는 의식과 정서를 포함한 본질적 이미지로 보이지 않는 심성, 가치관, 매너와 에티켓, 배려 등의 노력으로 표현되는 내면적 요소

(2) 외적 이미지

내면의 본질이 바탕이 되어 외부로 표출되어 나타나는 표출적 이미지로 표정, 말씨, 행동, 걸음걸이, 헤어스타일, 메이크업 등을 통하여 표현되는 외형적 요소

실습 **나의 이미지 분석**

- **내가 생각하는 나의 이미지?**
  - 내적:
  - 외적:
- **내가 생각하는 나의 개선하고 싶은 점?**
  - 내적:
  - 외적:
- **나는 어떤 사람으로 평가받고 싶은가?**

2) 이미지 결정 요소

(1) 표정(시선)

① 표정은 마음속의 여러 가지 감정이 얼굴에 드러나는 것을 의미한다.

② 표정으로 그 사람의 다양한 심리 상태와 감정을 이해할 수 있다.

③ 시선, 눈과 입의 모양으로 표현되므로, 긍정적이고 매력적인 표정을 생활화 할 수 있도록 노력한다.

(2) 대화(말투)

① 대화에 필요한 말투는 개인의 생각과 당시 심리 상태를 표현해 주는 척도이며, 이는 그 사람의 됨됨이를 파악할 수 있다.

② 상대방 지식 정도에 적합한 단어와 표현을 선택한다.

③ 무조건적인 경어 사용이 품위 있는 것은 아니다. 정확한 경어 사용을 생활화 한다.

④ 상대에게 신뢰감을 주며 기분을 좋게 만드는 음성 연출은 자신의 의사를 효과적으로 전달하고, 좋은 이미지를 형성하는 데 도움을 준다.

(3) 행동(인사/태도)

① 단정한 자세와 정중한 태도는 상대방을 편안하게 만든다.

② 갑작스런 배려보다는 몸에 익혀진 행동양식이라 할 수 있으며, 습관화하는 것이 중요하다.

(4) 용모

① 외관으로 표현되는 얼굴, 신체의 모습이라고 할 수 있다.

② 용모는 자신의 현재 신분을 나타내 주며, 좋은 이미지를 줄 수 있도록 단정하고 깔끔한 외형을 갖추는 것이 중요하다.

③ 체형을 보완하면서 개성을 돋보이는 표현도 가능하다.

실습

- **나의 주변에서 좋은 이미지 사례는?**

- **나의 주변에서 나쁜 이미지 사례는?**

3. 이미지메이킹의 중요성

1) 이미지메이킹이란

이미지는 '사람이나 사물과 같은 대상에 대하여 마음에 떠오르는 직관적인 인상'이라 정의했다.

나의 이미지는 나 아닌 타인에 의해서 결정되고, 그에 앞서 나의 이미지 세상을 바라보는 나의 관점, 나의 생활 태도 등에 의해서 결정된다.

이렇듯 이미지메이킹이란 개인이 세운 목표를 달성하기 위하여 스스로 바람직한 이상향을 정해 놓고, 그 이상향을 현실화하기 위해서 자기 이미지의 개별적 요소를 통합적으로 관리하는 개인의 노력이라고 말할 수 있다.

이에 이미지메이킹은 정치인이나 연예인 등 특정인들만 하는 것이 아닌 현대사회 모든 사람들에게 필요한 덕목이다.

[팁] 호감 가는 이미지를 위한 5계명

- 편안한 미소
- 고급스런 목소리와 말투
- 절도 있는 행동
- 깔끔한 헤어와 메이크업
- 단정한 옷차림

2) 이미지메이킹의 필요성

미국의 심리학자 조셉 루프트(Joseph Luft)와 해링턴 잉햄(Harry Ingham)은 '조하리의 창'을 통해 마음의 4가지 창을 언급했으며, 이는 이미지메이킹의 중요성을 보여 주는 이론이다. 일명 '마음의 창', '마음의 4가지 창'이라고 불리는 이 이론은 내가 인식하는 '나'와 타인이 인식하는 '나'에 대한 개념으로 '자아노출'과 '피드백'이 이 개념의 핵심이다.

대인관계에 있어서 마음의 상태에는 크게 4가지 창으로 구분할 수 있다.

구분	자신이 아는 부분	자신이 모르는 부분
타인이 아는 부분	열린 창(Open Area)	맹인의 창(Blind Area)
타인이 모르는 부분	비밀의 창(Hidden Area)	미지의 창(Unknown Area)

① 열린 창(public: 공공영역): 자신이 알고 있고 상대에게도 인지되는 영역

② 숨겨진 창(private: 사적영역): 자신은 알고 있지만 상대에게는 숨기고 있는 영역

③ 보이지 않는 창(blind: 맹목영역): 자신은 알 수 없으나 상대로부터는 잘 관찰되는 영역

④ 암흑의 창(unknown: 미지영역): 자신에게도 상대에게도 인지되어 있지 않은 영역

원활한 대인관계를 위해서는 '열린 창' 영역을 넓혀 가는 것이 중요하고, 이런 결과를 위해서는 적극적으로 자기 자신을 표현해야 하며 이런 노력이 상대방의 마음을 열게 하는 키가 된다는 것이다.

'조하리의 창'을 통해 본인의 이미지를 파악하고 개선하여 많은 이에게 호감을 줄 수 있는 매력적인 이미지를 습관화하고 좋은 관계를 맺을 수 있도록 노력하는 것이 중요하다.

실습 셀프 이미지 체크

자신의 인간관계 유형 진단

다음의 물음에 대하여 자신을 평가해 본다.

나의 대화 스타일은 무엇일까요?	
1. 나는 상대방 의견에 공감하면 이를 바로 인정한다.	1 2 3 4 5 6 7 8 9 10
2. 나는 상대방의 잘못을 지적할 필요가 있을 때에는 직접 말한다.	1 2 3 4 5 6 7 8 9 10
3. 나는 상대방으로부터 납득하기 어려운 말을 들을 경우, 상황파악을 위한 질문을 하고 잘 들어 본다.	1 2 3 4 5 6 7 8 9 10
4. 나의 의견에 대해 상대방이 어떻게 생각하는지 물어본다.	1 2 3 4 5 6 7 8 9 10
5. 나는 나의 느낌을 상대방에게 솔직하게 표현한다.	1 2 3 4 5 6 7 8 9 10
6. 나는 상대방의 감정을 존중한다.	1 2 3 4 5 6 7 8 9 10
7. 나는 걱정거리가 생길 경우 다른 사람을 찾아가 터놓고 의논한다.	1 2 3 4 5 6 7 8 9 10
8. 나는 혼자 이야기를 계속하여 상대방을 불안하게 하지 않는다.	1 2 3 4 5 6 7 8 9 10
9. 나는 진심으로 상대방의 이야기를 들어준다.	1 2 3 4 5 6 7 8 9 10
10. 나는 누군가가 찾아오면 그의 의견을 듣고 대화를 독단적으로 끌고 가지 않는다.	1 2 3 4 5 6 7 8 9 10
11. 나는 상대방이 서운함을 표현하면 차분하게 그에게 설명한다.	1 2 3 4 5 6 7 8 9 10
12. 나는 상대방의 의견을 잘 받아들인다.	1 2 3 4 5 6 7 8 9 10
13. 나는 달가운 일이 아닐지라도 상대방이 알아야 할 사항이라면 알려 준다.	1 2 3 4 5 6 7 8 9 10
14. 상대방의 의견이 나와 다를 경우, 나의 생각을 말하고 검토해 본다.	1 2 3 4 5 6 7 8 9 10
15. 나는 말하기 거북한 내용이라도 상대방에게 솔직히 말한다.	1 2 3 4 5 6 7 8 9 10
16. 나는 나의 실수에 대해 상대방에게 변명을 하지 않고 비판에 귀를 기울인다.	1 2 3 4 5 6 7 8 9 10
17. 나는 상대방에게 있는 그대로를 나타내며 가식이 없는 편이다.	1 2 3 4 5 6 7 8 9 10
18. 나는 나의 의견에 찬성하지 않는 사람이라도 그의 의견을 끝까지 듣는다.	1 2 3 4 5 6 7 8 9 10
19. 나는 상대방에게 그의 생각을 편하게 말하도록 권장한다.	1 2 3 4 5 6 7 8 9 10
20. 내가 옳다고 확신하는 것은 상대방을 잘 설득한다.	1 2 3 4 5 6 7 8 9 10

채점 및 해석

번호	1	2	5	7	11	13	14	15	17	20	총점(T)
값											

번호	3	4	6	8	9	10	12	16	18	19	총점(L)
값											

채점 및 해석

- 문항 1, 2, 5, 7, 11, 13, 14, 15, 17, 20의 점수를 더하여 10으로 나눈 점수 → 말하기(신뢰, 노출)
- 문항 3, 4, 6, 8, 9, 10, 12, 16, 18, 19의 점수를 더하여 10으로 나눈 점수 → 듣기(존중, 수용)
- 말하기(신뢰, 노출)에 해당하는 점수를 가로선으로 긋고 듣기(존중, 수용)에 해당하는 점수를 세로선으로 긋는다.
- 4분면의 영역이 생기고 가장 넓은 영역에 해당하는 것이 자신의 유형

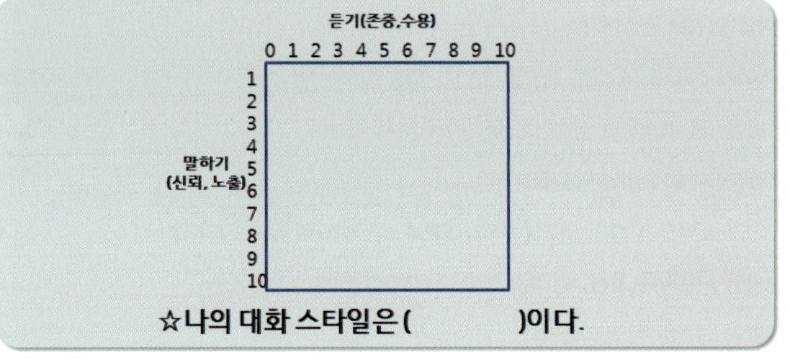

CHAPTER 09

이미지메이킹-여성

학습목표

1. 여성 이미지메이킹의 중요성을 이해한다.
2. 헤어와 메이크업의 내용을 이해하고 나에게 맞는 스타일을 찾는다.

1. Hair

여성의 헤어는 길이에 따라 다른 분위기를 연출할 수 있다. 본인에게 가장 잘 어울리는 길이와 스타일을 찾는 것이 무엇보다 중요하다. 연출법뿐만 아니라 관리하는 방법에도 관심을 기울여 건강하고 매력적인 이미지를 연출한다.

1) 연출법

구분	내용
커트	• 앞머리 부분이 이마가 약 2/3가 보이도록 한다. • 뻗침머리나 곱슬머리는 단정하게 드라이해 준다. • 고개를 숙이거나 머리를 흔들 때 머리카락이 쏟아지거나 흘러내리지 않도록 스프레이로 고정해 준다.
단발	• 단발 기장이 재킷을 덮지 않도록 한다. • 앞머리가 있는 경우 이마가 약 2/3 보이도록 한다.
긴머리	• 포니테일로 묶거나 올림머리를 한다. • 헝클어지지 않도록 자주 빗질해 준다. • 잔머리가 나오지 않도록 깔끔하게 정리한다. • 건강한 머릿결을 위하여 제품을 사용하여 관리한다.

2) 관리법

사람들이 자신의 머리카락에 엄청난 신경을 쓰면서도 정작 놓치는 것이 한 가지 있다. 그것은 바로 건강한 모발은 두피가 얼마나 건강한가에 달렸다는 점이다. 머리카락은 두피에서 자란다. 대부분 눈에 보이는 모발에만 신경을 쓰기 마련이지만, 두피는 그대로 둔 채 모발에만 잔뜩 정성을 들여도 두피상태가 좋지 못하면 아무런 소용이 없는 것이다. 띡진 모발, 가늘고 푸석한 모발, 숱이 줄고 탈모가 생기는 사람들의 공통점은 바로 두피 상태가 좋지 못하는 것이다.

두피가 건강하면 어떤 헤어 연출도 가능하다. 특히 잘 관리되어 있는 헤어는 이미지 연출에 용이하며, 더불어 건강하고 자기관리를 잘하고 있다는 이미지를 형성할 수 있다.

(1) 두피 유형 관리

자신의 두피 유형을 잘 파악하여 다양한 헤어 제품들 중 자신의 두피 유형에 적합한 제품을 선택 후 잘 관리한다.

구분	내용
정상	• 피부가 우윳빛 색깔을 띰 • 유수분의 밸런스가 잘 잡혀 있어 건조하지도 번들거리지도 않음 • 모공은 화산분화구처럼 크게 뚫려 있으며 모공 안은 깨끗함 • 모공당 2~3가닥의 모발 수
지성	• 유분이 지나치게 많은 경우 발생 • 두피가 쉽게 더러워져 세균 번식이 쉬우므로 청결하게 유지해야 함 • 호르몬 분비가 왕성한 청소년들에게 발생하는 경우가 많음 • 가려움을 동반할 수 있으며 기름기로 인해 떡진 머리의 원인이 됨 • 피지 제거가 탁월한 샴푸로 관리해 줌
건성	• 수분이 부족함 • 건조하고 각질과 비듬 조각들이 하얗게 끼어 있는 것이 특징 • 각질이 정상적으로 생성 탈락되지 않고 두피에 쌓이게 되면서 비듬이 생김. 각종 노폐물, 미세먼지 등이 포함되어 청결치 않음 • 심해지면 가려움과 비듬이 심해지는 것이 특징 • 건성용 샴푸로 잦은 케어는 삼가는 것이 좋음
민감성	• 외부 자극에 민감하기에 발갛게 되어 있는 경우가 많음 • 유/수분 밸런스보다는 두피가 얼마나 예민하냐의 문제 • 자외선 등의 일상생활과 염색, 펌, 화학샴푸 등 강한 외부자극에 항상 노출되어 있기 때문

상식

지루성 두피염

건성, 지성, 민감성 두피의 트러블이 심해지면서 지루성 두피염으로 발전하게 되는 경우가 흔하다. 두피트러블이 심해지면 비듬, 가려움, 발진, 염증 등의 증상을 복합적으로 보이는 경우가 많아 어느 하나로만 규정짓기 애매할 경우가 많기에, 이를 통칭하여 지루성 두피염으로 부른다. '지루성'의 뜻은 말 그대로 '기름이 흐른다'는 뜻이므로 지성에서만 생긴다고 생각하기 쉽지만, 실제로는 지성과 건성을 가리지 않으며 각종 두피트러블이 더욱 심화된 것과 같은 상태로 염증이 있으며 두피가 붉은 색을 띠는 경우가 많다. 건성 지루성 두피염은, 각질 및 부산물들이 주로 흰색을 띠며 지성 지루성 두피염은 모공 주위가 농처럼 노란색 또는 붉은 색을 띠고 있는 것이 특징이다.

상식

건강한 두피 만들기 요령

- 두피를 항상 청결하게 유지하기
- 지나친 인스턴트 음식 섭취 피하기
- 천연제품 사용하기
- 잦은 펌과 염색을 최대한 자제하기
- 샴푸 후 두피를 드라이기로 말리기
- 모자 착용은 트러블 악화의 원인
- 가렵다고 마구 긁지 않기
- 약의 적절한 사용

2. Make-up

메이크업(make-up)은 자신의 결점을 파악하여 보완하여 더욱 아름답게 보일 수 있도록 관리를 하는 것이다.

1) 스킨케어

(1) 피부타입 테스트

질문	해당
1. 나는 기초 케어를 안 하면 피부가 당긴다.	
2. 눈, 입 주위에 잔주름이 많다.	
3. 내 얼굴은 피지가 많아 번들거린다.	
4. 속건조가 있다.	
5. 기름종이를 하루에 2번 이상 쓴다.	
6. 얼굴 피부가 간지러울 때가 많다.	
7. 덥지 않아도 홍조가 있는 편이다.	
8. 순한 제품이 아니면 얼굴에 트러블이 난다.	
9. 화장이 오래간다.	
10. 모공이 크다.	
11. 세안하고 어느 정도 시간이 지난 후 휴지로 닦을 때 유분이 묻어난다.	
12. 화장품 유형은 산뜻한 젤 유형이 잘 맞는다.	

• 7개 이상: 지성
• 5~6개: 중성
• 1~4개: 건성

(2) 피부유형 및 관리법

구분	내용
중성	• 유수분 균형이 잘 잡힌 건강한 피부로 특별한 문제 없이 안정적인 상태를 유지하는 편 – 과도한 보습이나 유분이 필요하지 않지만, 피부의 유수분 균형을 유지하기 위해 계절이나 환경 변화에 따른 적절한 관리가 필요함
건성	• 피부의 수분과 유분이 부족해 쉽게 당기고 거칠어지기 쉬움 • 세안 후 피부가 당기는 느낌이 강하고, 주름이 잘 생기며 피부가 민감해지는 경향이 있음 – 피부 보호막이 외부 자극에 민감하게 반응할 수 있으므로, 보습과 보호에 중점을 둔 관리가 필요 – 수분과 보습 성분이 풍부한 크림이나, 오일을 사용하여 촉촉한 상태를 유지하는 것이 중요함
지성	• 피지 분비가 활발하여 얼굴이 자주 번들거리고, 모공이 쉽게 넓어지는 경향이 있음 • 피부가 기름지기 쉬워 여드름과 블랙헤드가 자주 발생 – 과도한 피지 분비를 조절할 수 있는 제품을 사용하고, 모공 관리에 주의해야 함 – 피지 조절 토너와 같은 제품으로 유분을 적절히 관리하면서 피부 속 수분을 유지하는 것이 중요함
민감성	• 외부 자극에 쉽게 반응하여 피부가 가렵거나 따가운 증상을 보일 수 있음 • 피부가 얇고 보호막이 약하기 때문에 자극에 민감하게 반응 – 자극 없는 제품과 알맞은 방법으로 사용해야 함 – 알레르기 반응을 유발할 수 있는 향료나 알코올이 포함되지 않은 제품을 선택하는 것이 좋음
복합성	• 얼굴의 각 부위별로 다른 특성을 보임 • 보통 T존은 기름지고, U존은 건조함 – 부위별로 각각 다른 관리 방법이 필요하기에, 한 가지 제품보다는 여러 제품을 조합해서 사용하는 것이 좋음 – 수분 공급과 피지 조절을 균형 있게 할 수 있는 제품을 사용하면 효과적

(3) 클렌징

① 손을 깨끗이 씻는다.

② 눈과 입술 화장은 전용 클렌저를 사용하여 지운다.

③ 파운데이션과 파우더 등의 제품은 베이스 클렌징 제품으로 1차로 부드럽게 닦아 낸다.

④ 폼 클렌저를 사용하여 약 1~2분간 꼼꼼히 2차 클렌징을 한다.

⑤ 미지근한 물로 여러 번 헹군다.

⑥ 마지막에 찬물로 마무리하여 피부를 수축시킨다.

⑦ 타월로 얼굴을 가볍게 두드리며 물기를 제거한다.

(4) 기초제품 바르기

① 물기를 제거한 얼굴에 피부 타입에 맞는 스킨 로션을 화장솜에 적당히 묻혀 피부결에 따라 닦아 내듯이 바른다.

② 소량의 아이크림을 약지를 사용하여 가볍게 바른다.

③ 세럼이나 에센스를 바른다.

④ 적당량의 에멀젼을 피부결에 따라 마사지하듯 흡수시킨다.

⑤ 피부 상태에 따라 수분크림과 영양크림을 바른다.

⑥ 자외선 차단제는 야외 활동 정도에 따라 알맞은 제품을 선택하여 3~4시간마다 덧바른다.

상식

1. 자외선 차단제는 모든 피부 다 필요한가요?

네. 자외선은 모든 피부에 해로울 수 있으므로 피부 타입에 상관없이 자외선 차단제를 사용하는 것이 좋습니다.

2. 지성 피부도 보습이 필요한가요?

네. 지성 피부라도 수분이 부족하면 오히려 피지 분비가 늘어날 수 있으므로 적절한 보습이 필요합니다.

3. 피부 타입이 자주 바뀌는 것 같아요. 어떻게 관리해야 하나요?

계절, 스트레스, 생활 습관 등의 여러 요인으로 인해 피부 타입은 변화할 수 있습니다. 피부 상태를 자주 확인하고 이에 맞춰 제품 및 루틴을 변경해 주는 것이 좋습니다.

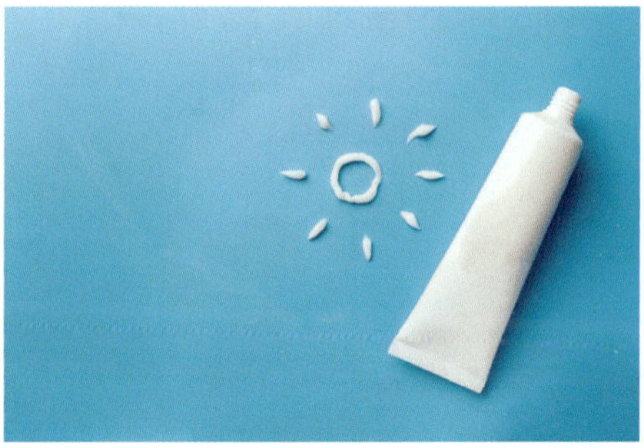

상식

자외선 차단제, 정확히 알고 바르자!

1. 자외선 종류

A: 햇빛 속 자외선 대부분은 A이다. 이는 색소 침착, 노화에 직접적인 영향을 준다.

B: 비타민 D 합성에 도움을 주지만 피부에 자극이 강하고 심한 경우 피부암의 원인이 될 수 있다.

2. 차단등급(PA)는 자외선 A의 차단 효과

PA^{+}, PA^{++}, PA^{+++}, PA^{++++}로 표시하고, $^{+}$가 많을수록 차단 효과가 높다.

3. 차단지수(SPF)는 자외선 B의 차단 효과

50까지 숫자로 나타내고 그 이상이면 50+로 표시한다.

SPF15~30이면 일상생활에서 사용하기 충분하다.

– 정책뉴스 | 뉴스 | 대한민국 정책브리핑

2) 색조

스킨케어로 피부를 잘 관리하였다 하여도 약간의 색조 화장으로 자신의 개성을 발휘하여 더욱 매력적인 모습으로 변신할 수 있게 만드는 만큼 여성에게 있어 화장은 상당히 중요한 무기임에 틀림없다. 특히 자신의 약점을 파악하여 보완하며 자신에게 잘 어울리고 본인이 속해 있는 집단에 잘 맞는 색조 화장은 매력적인 이미지를 만드는 데 필수 사항이다.

(1) 피부표현

피부화장은 자신의 원래 피부톤을 고려하여 알맞은 색상으로 한다. 얼굴만 너무 하얗게 만들어 얼굴과 목이 분리되는 듯한 화장은 상대방에게 거부감을 줄 수 있다. 너무 어둡지 않고 밝으면서 건강해 보이도록 자연스럽게 하는 것이 좋다.

(2) 눈썹

눈썹은 사람의 인상을 크게 좌우한다. 자신의 얼굴형과 이목구비를 고려하여 밝고 경쾌한 느낌을 줄 수 있는 눈썹 모양을 선택한다.

(3) 립스틱

립스틱은 유행에 가장 민감한 아이템이다. 색상이나 재질은 본인의 입술 특징을 잘 살리는 제품으로 선택한다. 음식을 먹은 후나 바른지 시간이 다소 지난 후라면 수정하는 것을 잊지 않는 것이 좋다.

(4) 색조화장

이 외 색조화장을 했을 경우에는 아침에 화장을 한 후 점심 시간 이후에 한 번 이상 수정을 하는 것이 바람직하다. 특히 많은 사람들이 함께 있는 곳에서 수정하기보다 화장실이나 개인 공간에서 조용히 수정하는 것이 바람직하다.

향수와 마찬가지로 색조화장에는 제품마다 고유한 향이 있다. 진한 향은 타인에게 불쾌감을 줄 수도 있으니 조심하여 사용한다.

상식

"지하철 화장이 왜 안돼?" 공공장소 '예의' 기준

"개인 신체의 자유 vs 공공장소 매너 어긋나?"

지하철 화장을 반대하는 사람들은 주로 '화장품 냄새가 나거나 주변을 툭툭 건드리는 등의 행위가 불편하다'고 토로한다. 직접적인 피해를 받지 않더라도 집에서나 할 법한 개인의 사적 행위를 보기 불편하다는 의견도 나온다. 실제 한 60대 한 시민은 "누가 화장을 하면 자연스레 시선이 가게 되는데 그렇게 보기 좋지 않다"며 "공공장소 매너가 아닌 듯하다"고 말했다.

반대로 지하철 화장이 민폐가 아니라는 사람들은 "타인에 피해를 주지 않는 행위라면 하든 말든 개인의 자유"라고 주장한다. 대학생인 신모 씨는 "화장하는 과정이 보기 싫다는 이유만으로 반대한다는 것은 말이 안 된다"고 항의했다.

'좋다, 싫다' 갑론을박을 벌이기보다 달라진 사회 환경과 가치관을 서로 이해하려는 노력이 선행되어야 하지 않을까 하는 생각이 든다.

3. 복장

1) 정장

(1) 슈트

① 남성 슈트와 동일하게 여성의 경우에도 같은 소재의 상/하의 한 벌 정장을 말한다. 여성의 하의는 바지/스커트로 구성된다.

② 특별히 색상에 구애받지 않으나, 검정, 네이비, 그레이 등 무채색을 기본으로 단색 정장이 일반적이다.

③ 품이 너무 크거나 반대로 아주 타이트한 옷은 지양한다.

④ 여성은 남성에 비해 어깨가 좁거나 처진 경우가 종종 있어, 어깨 패드를 사용하는 것도 도움이 된다.

⑤ 스커트의 경우 길이는 무릎 밑이나 살짝 위에 맞추는 것이 적당하다.

⑥ 스커트 착용 시 잔주름이 많이 생긴다는 것은 나에게 살짝 타이트하다는 의미이니, 이 경우 한 사이즈 크게 착용한다.

⑦ 바지 착용 시 기장은 구두의 뒷굽 높이에 맞추면 된다.

2) 블라우스/셔츠

(1) 블라우스나 셔츠는 남성의 셔츠와는 다르게 나의 얼굴형에 따라 다양한 형태를 선택하여 단점을 보완하여 돋보이게 할 수 있다.

(2) 종류

구분	내용
셔츠칼라	• 일반적으로 가장 많이 착용하는 기본형의 셔츠 • 둥근형 얼굴에 잘 어울림 • 보수적이고 단조로워 보일 수 있음
라운드 셔츠칼라	• 칼라 끝이 둥근 형 • 각진형 얼굴에 적합함
플랫칼라	• 얼굴에 각이 지고 긴 얼굴형에 좋음 • 목이 길지 않은 사람에게 적합함
오픈칼라	• 둥근형 얼굴에 좋음 • 목이 짧은 사람에게 좋음
리본 장식형 보우칼라	• 목을 감싸는 형식 • 마름모형 얼굴과 목이 긴 사람에게 적합함
스카프 형식 보우칼라	• 스카프처럼 목에 두른 후 목 아래서 리본을 묶는 형식 • 둥근형 얼굴과 목이 짧은 사람에게 어울림

3) 원피스

(1) 원피스는 단순한 디자인과 단정한 이미지로 재킷과 함께 코디하면 활동적이며 여성스러움을 동시에 표현할 수 있다.

(2) 재킷과 원피스의 색상을 원 컬러로 맞추지 않고 대비하여 매칭하면, 단조롭지 않고 세련된 느낌을 만들어 준다.

4) 주의사항

- 블라우스나 셔츠가 너무 얇아 힘이 없는 소재는 피한다.
- 속옷이 비치는 소재는 지양한다.
- 재킷 길이보다 너무 짧거나 길지 않도록 한다.

4. 기타

1) 가방

- 업무 용도로 사용하기에 알맞은 크기의 가방을 이용한다.
- 가방에는 꼭 필요한 물건만 담는다.
- 당일 전체적인 스타일과 잘 어울리는 가방을 선택한다.
- 가방도 사용 후에 재질을 고려하여 관리를 해 준다.

2) 구두

- 깨끗하고 깔끔한 상태의 구두를 착용한다.
- 정확한 사이즈의 구두를 착용하여 걸어가는 데 불편함을 느끼지 않아야 한다.
- 정장용 구두는 앞이 막혀 있는 펌프스가 적합하며, 5~7cm 굽이 적당하다.
- 낮은 플랫슈즈나 앞이 뚫려 있는 샌들, 뮬, 슬리퍼는 지양한다.
- 복장과 가방을 모두 고려하여 조화롭도록 선택한다.
- 굽소리가 나는 것은 교체 시기임을 알려 주는 것이다.

모양에 따른 종류

3) 스타킹

- 정장에는 스타킹을 신는 것이 매너이다.
- 바지정장을 입었다고 해도 꼭 스타킹을 신고 구두를 신는다.
- 커피색이나 스킨색이 가장 무난하고 일반적이며, 본인의 피부색과 가장 가까운 색상을 선택한다.
- 남성의 양말과 마찬가지로 스타킹의 조임 부분이 밖으로 보이지 않도록 길이에 신경 쓴다.
- 올이 빠져 있거나 늘어지는 것을 주의한다.
- 유색이나 패턴이 많은 스타킹은 업무 시 착용하기에는 부적절하다.

4) 액세서리, 시계, 쥬얼리

- 액세서리가 너무 화려하거나 치렁치렁한 것보다는 심플하고 간결한 스타일로 얼굴을 돋보이게 하는 것을 선택한다.
- 캐릭터 시계나 스포츠 시계보다는 정장 차림에 어울리는 클래식한 시계를 착용한다.
- 브로치나 스카프를 이용하여 밋밋한 정장에 포인트를 준다.

5) 향수

(1) 향수의 시작

향수는 '연기를 내어 통과한다'라는 의미의 라틴어 perfumare에서 시작했다. 향수의 기원은 종교적 의식, 곧 신과 인간과의 교감을 위한 매개체로부터 출발했는데 신을 신성하게 여겨 온 고대의 사람들이 신에게 제사를 지낼 때 몸을 청결히 하고, 향기가 나는 나뭇가지를 태우고 향나무 잎으로 즙을 내어 몸에 발랐다는 데에서부터 유래한다.

향수가 산업으로 발전하기 시작한 시기는 17세기 프랑스의 루이 14세 때부터라고 할 수 있다. 당시에는 피혁제품이 주류를 이루고 있는데, 가죽에서 나는 특유의 악취를 없애기 위하여 향료와 향수는 생활필수품이 되었다.

19세기 중엽에 이르러서 산업화의 진전과 화학합성 향료가 개발되면서 향수의 대량생산이 이루어지면서 향수의 대중화가 이루어진 것이다.

(2) 향수의 분류

향수는 부향률(희석정도)에 따라 분류를 한다. 부향률은 알코올에 첨가한 향수 원액의 비율이다. 일반적으로 4가지로 구분하며, 부향률이 높다는 것은 원액이 더 많다는 것을 뜻한다.

구분	내용
퍼퓸 (Perfume)	• 가장 진함 • 부향률은 15~25%로 약 12시간 정도 지속 • 가장 고가임
오드퍼퓸 (Eau de perfume)	• 퍼퓸보다 조금 연함 • 부향률은 10~20%로 평균 약 7시간 정도 지속 • 퍼퓸보다 약간 저렴함
오드뜨왈렛 (Eau de toilette)	• 부향률은 5~10%로 3~4시간 지속 • 휴대하며 필요시 지속적으로 사용하는 것이 좋음 • 가장 보편적으로 사용됨
오드코롱 (Eau de cologne)	• 가장 연함 • 부향률 3~5%로 약 1~2시간 지속 • 향에 민감한 사람도 사용 가능한 정도로 실내용 향수로 많이 쓰임 • 액체보다는 스프레이형으로 분사하여 사용함

(3) 향수 사용법

① 향수는 부향률에 따라 사용 방법과 사용량이 각기 다르다. 향수의 향은 아래에서 위로 올라가며 은은하게 향이 퍼진다. 따라서 배꼽 중심으로 이보다 아래 부분에 바르게 되면 피부의 체취와 어우러지면서 자기만의 향이 난다.

② 향수는 귓불 뒤, 목, 관자놀이, 겨드랑이, 손목 등 맥박이 뛰는 부분의 피부에 직접 뿌리거나 바른다. 또한 향수병에 직접 피부가 닿는 경우 피부의 지방이 향수에 영향을 주어 변질될 수도 있으니 사용 시 주의한다.

③ 오늘 소지한 손수건, 모자 등의 액세서리에도 소량 뿌리면 전체적인 향의 유지와 보존에 효과적이다.

상식

- 향수는 알코올의 휘발성에 의해 향이 전달되기 때문에 체온이 조금 더 높은 부위에 바르면 향기가 은은하게 잘 퍼진다.
- 향수도 색을 가지고 있다. 흰 옷이나 연한 색의 옷 위에 뿌리면 변색되는 이유이다.
- 향수를 뿌린 부위를 피부로 서로 문지르면 화학작용으로 피부가 상할 수 있다.
- 직사광선에 많이 노출되는 부위에 향수를 뿌리면, 색소침착이나 피부염을 유발할 수 있으니 주의한다.
- 향수와 화장품에는 각각의 향이 있다. 개별로는 매력적인 향이 뒤섞이면 의외로 불쾌한 향으로 변하는 경우가 있다. 따라서 향이 많은 제품들은 개별 사용을 권장한다.
- 향수는 알코올 제품이라 생각하여 유통기한이 많이 지났어도 사용하는 경우가 종종 있다. 유통기한을 확인하여 제품의 변질 여부를 확인하고 안전하게 사용한다.

(4) 향수 보관과 사용기한

향수 보관에 주의를 기울이지 않으면 처음 구매했을 때와 완전히 다른 제품이 되어 있는 경우가 있다. 향수는 빛과 온도에 굉장히 민감하기 때문에 약 15℃에서 빛을 받지 않는 곳에 보관하는 것이 좋다.

향수의 사용기한은 개봉 후 약 3년 정도로 보는데, 향수 사용에 주의를 기울였다면 이보다 더 오랫동안 사용하는 데 별 문제가 없다. 사용법에서도 말했듯이 제품이 직접 피부에 닿는 롤링 제품이나 고체향수는 액체향수보다는 변질되기 쉬우니 사용 시 주의하는 것이 필요하다.

6) 네일

손톱은 깨끗하게 정리된 상태를 유지하며, 지나친 네일아트는 피한다. 본인의 업무를 고려하여 적당한 손톱 길이를 유지하고, 손톱으로 인하여 업무에 지장이 없도록 한다. 특히 서비스업에 종사할 경우에는 항상 청결한 상태에 신경을 써야 한다.

5. 주의사항

- 항상 청결한 상태를 유지한다.
- 지나치게 화려하거나 튀는 컬러, 소재의 복장은 바람직하지 않다.
- 과도한 노출이나 속옷이 비치는 소재는 지양한다.
- 아주 짧은 치마나 몸의 실루엣을 그대로 보여 주는 타이트한 복장은 상대방에 불쾌감을 줄 수 있다.
- 치아에 립스틱이 묻는다던지 식사 후 얼굴이나 치아 상태가 청결한지 주의한다.
- 스타킹 올이 나가거나 치마/바지 단, 재킷 단추의 바느질 상태를 항상 확인한다.
- 손톱의 청결 상태는 항상 체크한다.

CHECK LIST

여성

☑ 머리
- 청결한가?
- 업무 이미지를 주며 단정한가?
- 헤어 장식품은 적당한가?

☑ 메이크업
- 청결하고 건강한 느낌을 주는가?
- 전체적인 색상이 통일되는가?
- 차분한 분위기인가?

☑ 상의
- 구김이 없는 상태로 다림질이 잘 되어 있는가?

☑ 셔츠/블라우스
- 얼룩 없는 깨끗한 상태인가?
- 구김이 없는 상태인가?
- 속옷이 비치지 않는가?

☑ 손
- 청결하고 관리가 잘 되어 있는가?
- 손톱의 길이는 적당한가?
- 색상 관리가 제대로 되어 있는가?

☑ 액세서리
- 활동하는데 방해되지 않는가?
- 눈에 띄는가?

☑ 스커트/바지
- 구김이 없는 상태로 다림질이 잘 되어 선이 살아 있는가?
- 단이 터진 곳은 없는가?

☑ 구두
- 깨끗하게 손질되었나?
- 슈트와 잘 어울리나?

CHAPTER 10

이미지메이킹-남성

학습목표

1. 남성 이미지메이킹의 중요성을 이해한다.
2. 비즈니스 시 적합한 남성 코디네이션 방법에 대하여 학습한다.
3. 나에게 맞는 스타일을 찾는다.

1. Hair

남성은 여성보다 헤어 연출에 더 영향을 받는다. 자신에게 어울리는 헤어 연출법을 잘 선택하여 깔끔하고 단정한 이미지를 연출한다.

- 앞머리는 이마를 가리지 않는다.
- 옆머리가 귀를 덮지 않는다.
- 뒷머리는 셔츠 깃에 닿지 않고 목선이 보이는 길이가 적당하다.
- 빗질을 하여 단정하고 가지런한 상태를 유지한다.
- 튀는 색상의 염색이나 유행을 쫓는 헤어스타일은 지양한다.

2. Make-up

현대 남성들은 자신을 가꾸고 관리하는 데에 관심이 많다. 이러한 현상으로 남성 메이크업 제품의 종류가 예전에 비해 훨씬 다양해지고 있다.

남성의 피부는 유, 수분의 균형이 여성의 피부와는 달라 피부 표면이 다소 거칠고, 잦은 면도로 인하여 세균 감염의 위험도 높다. 이렇듯 불균형한 남성의 피부도 신경 써서 관리해 주어야 함을 명심하고, 자신에게 적합한 제품을 골라 꾸준히 이용하도록 한다.

- 스킨: 면도로 민감해진 피부를 진정시킬 수 있고 더불어 살균 작용도 가능한 제품을 선택한다.
- 로션: 피부에 영양과 보습을 주어 매끄럽고 부드럽게 한다.
- 크림: 건조한 겨울철에 필수. 각질이 일어나거나 얼굴이 땡길 때는 꼭 발라 준다.
- 자외선 차단제: 자외선은 피부를 늙게 하고 영양분 없는 상태로 만든다. 매 4시간마다 자외선 차단제를 발라 준다. 특히 야외에서 활동이 잦은 경우는 더 자주 바른다.
- 눈썹, 코털의 상태는 항상 확인한다.
- 입술에 각질이 일어나지 않게 립글로스로 관리한다.

3. 복장

1) 정장

(1) 슈트

① 슈트는 재킷과 바지를 같은 소재와 색상의 한 벌로 구성된 정장을 일컫는다.

② 슈트는 비즈니스 복장으로 업무 시 갖춰 입는 일반복이다. 그러므로 지나치게 화려하거나 유행에 민감한 것은 좋지 않다.

③ 너무 어두운 검정색보다는 다크 그레이 혹은 다크 네이비가 세련되어 보인다.

④ 일반 생활을 하기에 유채색이나 화려한 색상은 지양하고, 무늬나 패턴이 있는 스타일도 가급적 피하는 것이 좋다.

⑤ 정장 재킷의 단추는 보통 한 개만 채우며, 단추가 3개인 경우에는 일반적으로 가운데 단추 한 개를 채운다.

⑥ 바지는 다림질을 한 후 착용하는 것이 기본이고, 주머니가 불룩해지지 않도록 소지품을 적당히 소지한다.

⑦ 바지의 길이는 똑바로 서서 끝단이 구두 등을 살짝 닿는 정도가 적당하고, 소매 길이는 손등 위로 살짝 스칠 정도가 적당하다.

⑧ 양복을 여러 벌 마련하여 단정하고 깔끔한 상태로 착용할 수 있도록 한다.

⑨ 조끼는 근래에 잘 착용하지 않지만, 착용하는 경우 재킷을 입은 후에 보일 정도로 크게 입지 않는다. 또한 너무 작거나 타이트하게 입어 조끼 밑으로 벨트가 보이도록 하지 않는다.

(2) 종류

버튼의 개수와 나열된 방식으로 구분한다.

구분	내용
싱글	• 가장 일반적인 형태 • 재킷의 단추가 한 줄로 달림 • 앞여밈이 홑자락으로
더블	• 재킷의 단추가 두 줄로 달림 • 앞여밈이 겹쳐져
쓰리피스	• 기본 정장인 재킷과 바지에 베스트(조끼)가 첨가된 형태

브이존

라펠

[참고] 콤비 정장

- '콤비'는 '콤비네이션'의 약자
- 상하의를 같은 재질로 입는 슈트와는 다르게 상하의를 다른 종류로 구성하는 스타일을 지칭한다.
- 이렇게 상하의가 다르게 구성되어 있기 때문에 슈트로 구분할 수는 없고, '캐주얼 슈트', 혹은 '캐주얼'로 간주하는 경우가 많다.

(3) 색상에 따른 남성 슈트의 특징

구분	내용
청색	• 가장 기본이 되는 색상 • 비즈니스 웨어로 가장 적당한 색 • 다소 차가운 인상을 줄 수 있지만 깔끔하면서 생동감을 줌
회색	• 비즈니스 웨어로 적합한 색 • 차분하고 지적인 분위기와 자신감 있는 모습 연출
검정색	• 정중하고 성실한 느낌 • 예를 갖추는 자리에 적합. 타이의 색과 패턴을 잘 활용하여 매치 • 경조사 시 가장 많이 활용 가능한 아이템으로 필수 소지템
밤색	• 부드럽고 세련된 느낌을 줌 • 연출하기 쉽지 않으므로 코디 시 주의 요망

2) 셔츠

(1) 셔츠

① 슈트를 입을 때 겉옷의 색상에 따라 안에 받쳐 입는 드레스 셔츠는 밝은 색상을 선택하는 것이 일반적이다. 요즘은 아주 흰 색상보다는 약간의 색상이 있거나 연한 무늬가 있는 셔츠를 선호한다.

② 드레스 셔츠를 고를 때는 목둘레와 팔길이를 고려하면 된다. 단추 모두 잠갔을 때 손가락 한 개가 들어갈 정도의 목둘레가 적합하다.

③ 상의 뒤쪽 깃으로부터 약 1cm 정도 나오는 정도가 적당하다.

④ 서양인의 경우 드레스 셔츠 안에 별도의 러닝셔츠를 입지 않는다.

(2) 셔츠 종류

레귤러 칼라 (Regular straight-point Collar)	• 제일 일반적인 전통셔츠로 누구에게나 어울리고 어떤 스타일의 슈트와도 무난하다. • 셔츠의 깃은 넓은 것과 좁은 것이 있으며, 넓은 깃은 얼굴이 큰 사람에게 좁은 것은 얼굴이 작은 사람에게 효과적이다. • 셔츠 깃 사이의 간격이 넓은 와일드 스프레드는 어깨가 넓고 얼굴이 긴 사람에게 좋고, 간격이 좁은 나로우 스프레드는 얼굴이 둥근 사람에게 좋다.
버튼다운 칼라 (Button-down Collar)	• 칼라 깃 끝에 단추로 고정되어 있는 디자인으로 깃에 심지가 없어 부드러우며 주로 캐주얼 셔츠에 많다.
라운드 칼라 (Round Collar)	• 칼라 깃 끝이 둥글게 되어 있는 디자인으로, 깃에 풀을 먹여 슈트에 입기도 하고 캐주얼 재킷에 입기도 한다. • 라운드 칼라는 얼굴이 작고 얼굴형이 각진 사람에게 효과적이다.
핀홀 칼라 (Pin hole Collar)	• 셔츠 깃 끝을 핀으로 조여 입는 스타일로 셔츠 깃을 핀으로 모으는 것만 제외하면 레귤러 칼라와 같다. • 핀 장식으로 세련되어 보이며 목이 긴 사람에게 효과적이다.
차이나 칼라 (Chinese Collar)	• 중국의 전통의상을 변형한 셔츠칼라로 넥타이를 맬 필요가 없어 편리하고 단정한 느낌을 준다. • 목이 긴 사람이나 얼굴이 둥근 사람들에게 좋다.
클래릭셔츠 (Cleric Collar shirt)	• 셔츠의 몸판과 소매, 칼라 부분의 색깔이 다른 셔츠로 세련되고 젊은 느낌을 준다.

3) 타이

(1) 종류

넥타이는 남성 정장을 완성하는 액세서리이다. 넥타이는 매는 방법에 따라 나뉜다.

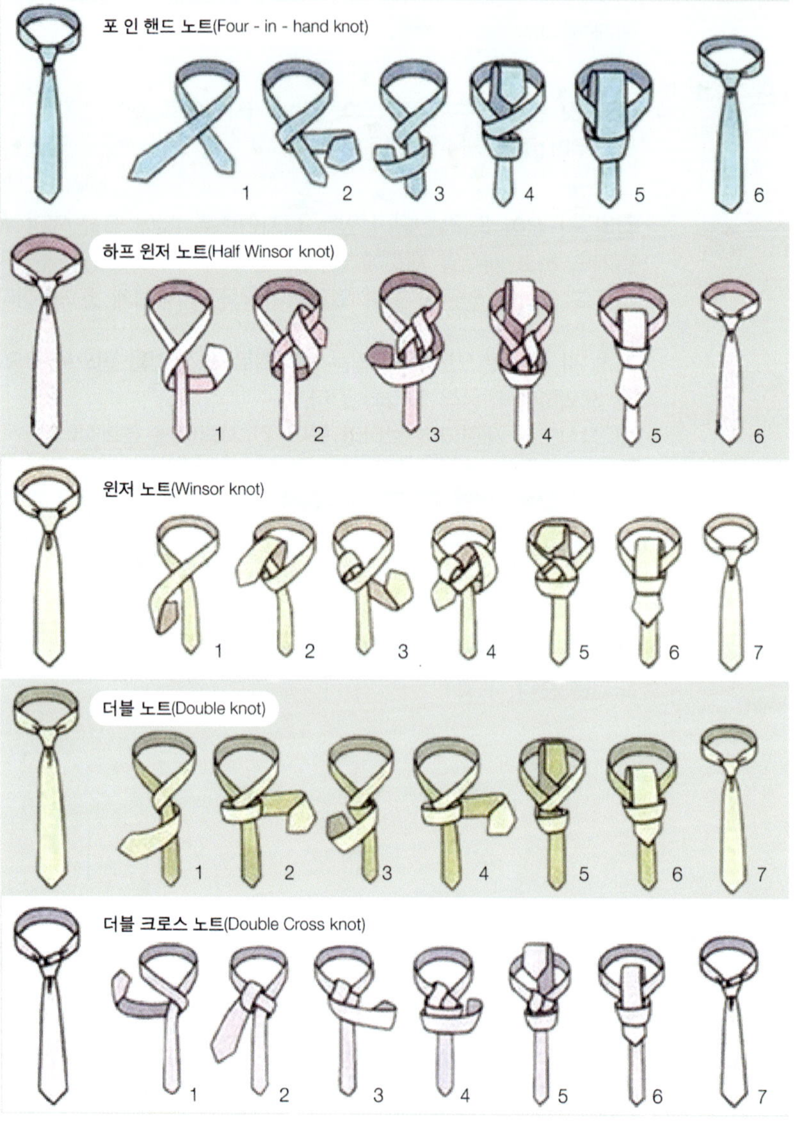

(2) 패턴

구분	내용
사선	• 가장 샤프하고 똑똑한 이미지
솔리드	• 깔끔한 인상을 주고, 비즈니스와 모임에 모두 적합
페이즐리, 도트	• 개인 모임 등에 적합

4) 주의사항

- 슈트 재킷에 주름이 생기지 않도록 보관과 착용 시 주의한다.
- 재킷 단추가 개수에 맞게 잘 달려 있는지 확인한다.

4. 기타

1) 가방

- 지갑, 휴대전화 등을 무리하게 재킷과 바지에 담으면 옷의 겉 형태가 무너진다.
- 서류, 다이어리 등 업무 서류를 담는 용도의 가방을 준비한다.
- 한 손으로 드는 스타일이 가장 무난하다.
- 색상은 본인이 보유하고 있는 정장과 가장 잘 어울리는 색상으로 선택한다.

2) 구두

- 항상 깨끗하고 깔끔한 상태를 유지하는 구두를 착용한다.
- 구두 앞코와 굽이 닳았는지 항상 확인한다.
- 구두 색상은 당일 착용한 슈트의 색상을 고려하여 선택한다.
- 검정색이 가장 일반적이다.
- 구두를 신고 벗을 때 구두가 구겨져 주름이 잡히지 않도록 구두 주걱을 이용한다.
- 한 켤레 이상 구비하여 복장과 상황에 적합한 구두를 선택하여 착용한다.

3) 벨트

- 비조버클벨트가 적합하다.
- 화려하고 장식이 과한 버클 장식은 피한다.
- 색상은 슈트와 구두 색상과 맞추고, 전체적으로 조화를 이룰 수 있도록 선택한다.

4) 양말

- 검정색이나 짙은 회색 등의 무채색이 적합하다.
- 정장용 양말은 원래 무릎길이로, 착석 시 바지 끝자락이 올라가도 맨살이 보이지 않는 것이 매너이다.
- 발목이 보이는 양말은 지양한다.
- 흰색이나 밝은 색상의 양말은 지양한다.

5) 액세서리, 시계, 쥬얼리

- 시계는 정장에 어울리는 클래식한 모양을 선택한다.
- 과한 액세서리 착용보다는 심플한 한 가지를 포인트로 하는 것이 좋다.

5. 주의사항

- 항상 청결한 상태를 유지한다.
- 헤어를 포함한 몸 전체의 '털' 관리에 관심을 둔다.
- 상대가 불편할 수 있는 노출은 지양한다.
- 옷뿐만 아니라 적절한 액세서리를 매치한다.
- 손톱과 손의 청결 상태는 항상 체크한다.
- 바짓단/재킷 단추의 바느질 상태를 항상 확인한다.

[참고] 비즈니스 캐주얼

흔히 비즈니스 캐주얼은 정장이 아닌 캐주얼로 인식하는 사람들이 많다. 하지만 비즈니스 캐주얼은 업무 시에도 가능한 복장으로, 정장보다는 편안하지만 일상복보다는 격식 있는 복장을 말한다. 넥타이는 매지 않아도 되지만, 재킷을 착용하는 것이 일반적이며, 스니커즈보다는 구두를 착용하는 것이 좋다.

CHECK LIST

남성

☑ 머리

- 청결한가?
- 업무 이미지를 주며 단정한가?

☑ 메이크업

- 청결하고 건강한 느낌을 주는가?

☑ 상의

- 구김이 없는 상태로 다림질이 잘 되어 있는가?

☑ 셔츠

- 얼룩 없는 깨끗한 상태인가?
- 구김이 없는 상태인가?

☑ 넥타이

- 슈트, 셔츠와 잘 어울리는가?
- 눈에 띄는가?

☑ 손

- 청결하고 관리가 잘 되어 있는가?
- 손톱의 길이는 적당한가?
- 이물질이 묻어 있거나 상처가 있는가?

☑ 바지

- 구김이 없는 상태로 다림질이 잘 되어 있는가?
- 단이 터진 곳은 없는가?

☑ 구두

- 깨끗하게 손질되었나?
- 슈트와 잘 어울리나?

CHAPTER 11

비즈니스 매너

학습목표

1. 비즈니스 매너의 중요성을 이해한다.
2. 업무에 필요한 상황별 매너를 연습하여 체득화한다.

1. 인사

1) 인사의 정의

인사의 사전적 의미는 '마주 대하거나 헤어질 때에 예를 표함. 또는 그런 말이나 행동'이다.

2) 인사의 중요성

인사는 인간관계를 시작하는 첫 번째 단계로, 상대방을 인정하고 존경심과 반가움을 느끼게 하는 형식이라고 할 수 있다. 일반적으로 인사만 잘 해도 좋은 이미지를 줄 수 있다는 얘기를 많이 한다. 이렇듯 인사는 다른 사람들에게 나를 표현하는 방법임과 동시에 나를 평가하는 잣대가 된다고도 할 수 있다.

우리나라에서는 예부터 예의를 중히 여겨 왔기 때문에 인사를 하는 것으로 사람의 됨됨이를 가늠해 왔다.

3) 인사 자세

남녀 선 자세

- 표정 → 밝고
- 시선 → 상대방의 눈을 정면으로 바라보고, 상대방에 대한 호의적인 마음을 눈빛에 담는다.
- 고개 → 턱을 자연스럽고 반듯하게 든다.
- 어깨 → 자연스럽게 팔을 내리고 한쪽으로 기울어지지 않게 한다.
- 허리 → 상체가 앞으로 쏟아지거나 뒤로 젖혀지지 않도록 하여 머리에서 허리까지 일직선이 되도록 한다.
- 손 → 남자는 차렷 자세로 두 주먹은 가볍게 쥐고 바지선에 자연스럽게 놓고, 여자는 오른손이 왼손을 포개어 잡아 배꼽 바로 아래 위치에 가볍게 놓는다.
- 발 → 남자는 뒤꿈치를 붙이고 양발 앞부분이 약 30도 정도로, 여자는 무릎부터 발뒤꿈치까지 붙이고 양발 앞부분이 약 15도 정도가 되게 선다.

4) 인사 방법

① 인사의 대상과 마주치면 상대방이 나의 인사가 시작됨을 알 수 있도록 대상 쪽을 바라보며 바른 자세로 시선을 맞춘다.

② 머리부터 허리까지 바른 자세가 될 수 있도록 유지하며 상황에 적합한 인사 방법으로 상체를 숙이며 인사한다.

③ 상체를 숙였을 때는 약 1~2초간의 puase 동작으로 인사임을 알린다.

④ 상체를 일으킬 때는 숙였을 때보다 빠르지 않게 주의한다.

⑤ 미소를 띤 시선을 보내며, 상황에 적합한 인사말과 함께 한다.

5) 인사의 종류

구분	사진	내용
목례(15°)		• 동료나 후배, 하급자에게 하는 인사 • 하루에 두 번 이상 마주치는 상사에게 두 번째부터 하는 인사 • 주로 계단, 복도나 엘리베이터 같은 좁은 장소에서 하는 인사
보통례(30°)		• 일반적으로 윗사람에게 하는 인사 • 고객을 맞이하거나 배웅하는 경우에 하는 인사

구분	사진	내용
정중례(45°)	 	• 정중하게 감사의 표시를 하거나 사죄의 의미로 하는 인사 • 국빈, 국가원수, 집안 어른 등에게 하는 인사 • 결혼식 등 관혼상제에서 하는 인사

ox 퀴즈

- 인사는 아랫사람이 먼저 한다.
- 인사를 할 때는 정숙하게 침묵을 지키는 것이 좋다.
- 누군가 나에게 인시를 하면 꼭 답례를 한다.
- 이미 인사를 한 사람과 다시 마주쳤을 때는 인사를 생략해도 무방하다.
- 엘리베이터나 복도 등에서 마주치면, 먼저 인사한다.
- 멀리에 있을 때는 인사하지 않아도 된다.
- 바쁜 상황에서도 가볍게 인사를 전한다.

6) 바르지 않은 인사

상식

시간에 따른 나라별 인사말

1. 영어권 나라

- 아침: Good Morning
- 점심: Good Afternoon
- 저녁: Good Evening

2. 독일

- 아침: Guten Morgen
- 점심: Guten Tag
- 저녁: Guten Abend

3. 일본

- 아침: おはいようございほす. (오하요 고자이마스)
- 점심: こんにちは. (곤니찌와)
- 저녁: こんばんは. (곰방와)

2. 악수

1) 악수의 유래

악수는 비즈니스 예절 중 가장 일반적이고 널리 사용되고 있다. 악수의 기원은 다른 예절과 마찬가지로 분명하지는 않다. 악수는 두 사람이 나누는 공개적이고 안전한 인사법으로 현대적 의미는 의외로 간단하고 분명하다. 사실상 악수는 남자들 간의 인사법으로, 수백 년 전 잉글랜드에서 나의 손에 무기가 없다는 것을 증명하기 위해 시작되었다고 전해진다. 그 당시 여성들은 무기를 소지하지 않았고 무기 소지가 허락되지도 않았다. 이러한 역사적 사실이 최근까지 여성들 사이에서는 악수가 일반화되지 않은 이유이다.

악수는 직접적인 접촉을 통해 믿음과 평등함을 확인시켜 준다. 과거에는 왼손 소매에 종종 무기를 숨겼기 때문에 왼손으로 악수를 했으나, 시간이 흐르면서 오른손으로 바뀌었다. 그 이유는 오른손이 '섬을 잡는 손'이었기 때문이라 한다.

2) 악수 매너

(1) 악수 순서

먼저 청하는	기다리는
여성	남성
선임	후임
연장자	연소자
선배	후배
기혼자	미혼자

(2) 악수 시 매너

악수의 유래에서도 살펴봤듯이 악수는 나에게 무기가 없음을 상대에게 알리는 것이었다. 이렇듯 악수는 당당하면서도 동등한 입장에서 하는 것이 매너이다. 한국, 일본 등의 문화권에서는 연장자 혹은 윗사람과 악수를 할 경우 양손으로 손을 잡거나 손을 잡는 동시에 고개 숙이는 인사를 동시에 하는 장면을 종종 목격할 수 있다. 하지만 이미 손을 잡는 것 자체로 인사이기 때문에 허리나 고개를 과도하게 숙이는 행동은 하지 않아도 된다. 하지만 손윗사람에 대한 예를 표하는 정도로 상체를 조금 기울이거나 왼손을 오른쪽 팔꿈치나 배 위에 살짝 올리는 등은 무방하다.

3) 악수 방법

(1) 눈맞춤

반가운 마음으로 악수할 상대와 눈맞춤을 하며 인사의 시작을 알린다.

(2) 스마일

자연스럽고 편안한 미소로 상대방에게 호감을 표시한다.

(3) 거리

상대방의 손을 맞잡아 인사하는 악수의 경우 상대와의 적당한 거리를 가지는 것은 중요하다. 두 사람 간의 거리가 너무 멀 경우 서로 손을 맞잡기 어렵고, 반대로 너무 가까운 경우에는 서로의 몸이 지나치게 가까워 악수를 하기에 불편할 수 있다. 손을 맞잡고 팔을 자연스럽게 굽힐 수 있는 정도가 가장 적당하다.

(4) 힘

악수할 때 손의 힘을 주는 세기 정도는 상대와의 관계에 중요한 역할을 한다. 힘을 많이 주었을 경우 상대보다 우월함을 과시하는 것으로 보일 수 있고, 반대로 힘을 주지 않은 경우 상대방과의 관계를 중요하게 생각하지 않는 것으로 보여질 수 있다. 적절한 악력으로 상대에 대한 관심과 열정을 전달하는 것이 좋다.

(5) 리듬

상대의 손을 잡고 악수를 하며 인사말을 건네다 보면 언제 손을 놓아야 하는지가 고민이 되는 경우가 종종 있다. 손을 잡고 두세 번 정도 흔들기를 한 후 자연스럽게 손의 힘을 빼며 맞잡은 손가락을 펴는 것으로 악수의 마침을 표시하는 것도 좋다.

손을 흔들 때도 과도하게 크게 흔들거나 나의 속도로 리드하기보다는 상대방의 리드에 맡기는 것도 매너 있는 행동이다.

4) 잘못된 악수

(1) Dead Fish 악수

상대의 손을 힘없이 잡는 악수 방법으로 수동적 악수 방법이다.

(2) Bone Crush 악수

상대의 손을 아주 세게 잡는 악수 방법으로 상대를 제압하고자 하는 의도로 느껴질 수 있다.

(3) Finger Pinch 악수

여성과 남성이 악수할 때 흔히 볼 수 있다. 손가락의 끝만 잡고 하는 악수 방법으로 상대방에게 불쾌감을 줄 수 있으니 주의한다.

쉬어가기

인사법 바꾼 '신종 코로나'

세계인들의 인사법은 다양한다. 마오리족은 사람을 만나면 먼저 악수를 하고 손을 잡은 채 "키오라" 하면서 서로 코를 두 번 비빈다. 에스키모도 뺨을 비비고 친한 사이에는 코를 비빈다. 아프리카 동부의 일부 부족은 상대의 발등에 침을 뱉는 것이 친근함의 표시다. 이탈리아나 스페인 사람들은 주로 양쪽 뺨에 키스를 한다. 몽골인들은 서로 껴안고 상대의 몸 냄새를 맡는 것이 인사다. 이렇듯 많은 나라에서 신체 접촉을 통한 인사를 하고 있다.

하지만 신종코로나바이러스 감염증이 전 세계로 확산하면서 인사법까지 바꿔 놓았다. 마스크를 쓰고 회의에 참석한 사람들에게 악수 대신 엄지와 검지를 살짝 비틀어 보여 주는 '손가락 하트'로 인사를 대신하거나, 주먹 혹은 팔꿈치를 서로 가볍게 부딪히는 새로운 인사법을 사용하게 되었다.

3. 명함

1) 명함의 의미

명함은 초대면인 상대방에게 소속과 성명을 알리고 증명하는 역할을 하는 자기 소개서이자 분신이다. 명함에는 이름, 주소, 전화번호, 직장, 직위 등을 기입하여 나를 설명하는 용도로 사용한다. 또한 서비스 측면에서는 고객에게 자신을 알리고 고객만족에 이름을 걸고 책임을 지겠다는 무언의 약속이라고 할 수 있다. 명함은 나의 얼굴이며, 만남 후에도 나를 기억하게 하는 장치이다.

2) 명함의 유래

명함의 기원은 고대 중국에서 시작되었다고 한다. 기록에 따르면 지인의 집을 방문했을 때 상대가 부재중일 경우 자신의 방문을 알리기 위해 대나무를 깎아 만든 판에 이름을 남겨 두고 온 것에서 유래되었다고 한다. 약 15세기경 명나라 시대에 관리들이 자신을 소개하기 위해 첩지(帖紙)라는 작은 종이를 사용하기 시작하면서였다. 이 첩지는 지금의 명함과 비슷하게 자신의 이름과 직위를 적어 상대방에게 건네는 형태였으며, 상류층 사이에서 많이 사용되었다.

또한 루이 14세 때 사교모임에 참석한 사람들이 트럼프 카드에 본인의 이름을 적어 왕에게 올린 것이 시초라고 알려져 있다.

이러한 유래에서 볼 수 있듯이 명함은 단순한 연락처 공유 수단을 넘어 사람과 사람을 연결하는 중요한 매개체로 발전했다. 과거에는 신분을 나타내는 상징적인 도구였지만, 오늘날에는 비즈니스의 첫인상을 좌우하는 중요한 도구로 자리 잡고 있다.

3) 디지털 시대의 명함

디지털 시대에 들어서면서 명함의 형태로 변화되고 있다. 과거 종이로 제작되던 명함은 서서히 디지털 명함으로 대체되고 있으며, QR코드나 NFC 기술을 이용해 스마트폰으로 명함 정보를 편리하게 주고받는 방식이 점차 늘어나고 있다. 또한 환경을 고려한 친환경 명함이나 독특한 디자인으로 차별화된 명함 제작도 증가하고 있다.

4) 명함 교환

(1) 교환 순서

① 명함은 오른손으로 상대에게 전달하며, 왼손은 오른손을 거들어 밑에서 받침으로 정중함을 표현한다.

② 명함은 나의 얼굴이라고 생각하여, 건넬 때 손가락으로 나의 이름이나 관련 내용이 가려지지 않도록 주의한다.

③ 상대가 명함을 보면서 받을 수 있도록 상대방 방향으로 건넨다.

④ 명함을 건넬 때는 소속과 이름, 직급 등 간단히 자신을 소개한다.

⑤ 건네는 위치는 상대방 시선과 손의 위치 등을 고려한다.

⑥ 받을 때에는 오른손으로 받으며, 왼손은 가볍게 받친다.

(2) 교환 매너

① 명함은 반드시 서서 교환한다. 특별히 기립이 어려울 경우를 제외하고는 가급적 서서 교환한다.

② 명함 교환은 거의 동시에 일어난다. 이때 서로 먼저 주려하기보다는 시간차를 두고 상대를 배려하는 것이 좋다.

③ 명함을 받았을 경우 받은 명함이 상대의 것인지 소속과 이름을 복창하며 확인하는 것이 좋다.

④ 명함은 나의 얼굴이다. 마찬가지로 상대방의 얼굴이다. 얼굴을 바지 뒷주머니에 넣거나 얼굴에 메모를 하는 등의 행위는 좋은 매너일 수 없다.

⑤ 명함을 받은 후 바로 명함 케이스에 넣지 않고, 회의나 미팅 동안에는 나의 앞쪽 공간에 놓고 적극적으로 활용한다. 이름이나 직급이 익숙하지 않을 경우 명함을 보고 정확하게 사용하는 것도 좋다.

⑥ 자리를 이동할 경우 받은 명함은 잘 챙긴다.

⑦ 명함은 지갑에 보관하는 것보다는 명함 케이스를 장만하여 개수도 여유롭게 준비하는 것이 좋다.

상식

문화권에 따른 명함 교환 매너

동양권	서양권
• 첫 만남에서의 명함 교환이 자연스럽다. • 용도에 구분 없이 한 가지로 사용한다. • 업무용 명함에는 이름, 회사 관련 내용 등이 포함된다.	• 사적 만남의 경우 첫 만남에서 명함을 교환하지 않는다. • 용도에 따라 업무용/사교용으로 나눠 사용한다. • 사교용 명함의 경우 간단한 디자인에 이름과 주소만 넣는다.

실습 명함 교환

- 명함 교환을 직접 해 보자(가로/세로 명함).

- 꼭 준수해야 할 사항은 무엇인가?

4. 소개

1) 소개의 의미

현대의 대인관계는 소개의 연속이다. 친분이 없는 관계를 서로 알게 만드는 것이 소개이며, 이는 사교의 시작이다. 많은 모임이나 비즈니스 관계에 있어 소개는 중요한 역할을 하고 있다.

2) 소개 매너

(1) 모임이나 단체에서 소개를 하거나 받는 경우 환자나 고령자를 제외하고 모두 일어나는 것이 원칙이다.

(2) 소개 후에는 간단한 인사를 한다. 이때 상대방이 연장자이거나 여성일 경우 상대에 맞춰 하면 된다.

(3) 양쪽을 서로에게 소개할 경우 순서를 생각하여 소개한다.

(4) 소개 시 간단한 인적사항을 추가한다.

(5) 연소자를 연장자에게, 하급자를 상급자에게, 미혼자를 기혼자에게, 남성을 여성에게 소개하는 것이 일반적이나 상황에 따라 유동적이다.

(6) 소개가 끝나면 먼저 소개를 받은 사람이 "처음 뵙겠습니다.", "만나서 반갑습니다." 등 공손한 태도로 인사를 청한다.

3) 소개 시 주의사항

(1) 소개받은 상대방의 이름은 꼭 외운다.

(2) 소개 후 대화가 이어질 경우 날씨, 문화, 스포츠 등 편안하게 접근할 수 있는 주제를 선택한다.

(3) 정치, 종교, 지역 등의 민감한 주제는 피한다.

5. 의전

1) 정의

의전(Protocol)은 예(禮)를 갖추어 베푸는 각종 행사 등에서 행해지는 예법으로, 일정하게 틀을 갖춘 조직단위, 국가 또는 국제 간의 공식적 관계에 적용할 때 적용된다. 오늘날의 의전은 행사에 한정되지 않으며, 국민의례 · 국기게양 등 국가의 존재를 알리기 위한 공식적인 징표인 국가상징에 대한 예를 갖추는 것도 광의의 의전에 포함된다.

의전이란 타인에 대한 상식과 배려를 바탕으로, 국가 간의 관계 또는 국가가 관여되는 공식행사에서 개인 및 국가가 지켜야 할 일련의 규범(a set of Rules)을 뜻한다. 자동차의 윤활유가 각 부분의 흐름을 잘 연결시켜 전체적인 운행이 조화롭게 진행될 수 있도록 도와주는 것처럼 의전은 국가 간 각종 행사 진행을 매끄럽게 하여 최선의 성과를 얻도록 하는 역할을 담당하고 있다.

서양에서 의전(Protocol)이란 용어는 그리스어의 'Protokollen'에서 유래되었다. 이는 Proto(맨 처음)+Kollen(붙이다)이 합성된 단어이다. 이는 원래 공문서에 효력을 부여하기 위해 문서 맨 앞장에 붙이는 용지를 뜻하는 것이었는데, 그 이후 외교관계를 담당하는 정부의 공식문서 또는 외교 문서의 양식을 의미하게 되었다. 따라서 Protocal이 지금 우리가 이야기하고 있는 의전(儀典)이라는 의미로 사용된 것은 아마도 국가 간의 관계에 있어서 가장 기본이 되는 형식, 즉 제일 첫 번째로 지켜야 하는 것이라는 의미에서 나온 것이 아닌가 추측된다. Protocal이 국가 간의 관계 또는 국가가 관여되는 공식행사에서 지켜야 할 일련의 규범(a set of rules)이라는 의미로 사용되는 데 반해, 에티켓(Etiquette) 또는 예의범절(Good Manners)은 개인 간의 관계에서 지켜야 할 일련의 규범이라 보면 되겠다. [외교부]

쉬어가기

'의전'이란 말의 유래

우리말 '의전'은 영어로 하면 Protocol, Etiquette, Good Manners 등 다양하게 표현될 수 있습니다. 이 중 Protocol이란 단어는 그리스어의 Protokollen에서 유래된 것으로, 이는 Proto(맨 처음) + Kollen(붙이다)이 합성된 단어입니다.

이는 원래 공증문서에 효력을 부여하기 위해 문서 맨 앞장에 붙이는 용지를 뜻하는 것이었는데 그 이후 외교관계를 담당하는 정부의 공식문서 또는 외교문서의 양식을 의미하게 되었습니다. 따라서 Protocol이 지금 우리가 이야기하고 있는 儀典(의전)이라는 의미로 사용된 것은 아마도 국가 간의 관계에 있어서 가장 기본이 되는 형식, 즉 제일 첫 번째로 지켜야 하는 것이라는 의미에서 나온 것이 아닌가 추측됩니다. Protocol이 국가 간의 관계 또는 국가가 관여되는 공식행사에서 지켜야 할 일련의 규범(a set of rules)이라는 의미로 사용되는 데 반해, 에티켓(Etiquette) 또는 예의범절(Good Manners)은 개인 간의 관계에서 지켜야 할 일련의 규범이라 보면 되겠습니다.

출처: 재미있는의전. 외교부.

이렇듯 의전은 좁은 의미에서는 국가외교행사, 국가원수 및 고위급 인사의 방문과 영접에서 행해지는 국제적 예의(국가의전)를 의미하지만 넓게는 사회구성원으로서 개개인이 지켜야 할 건전한 상식에 입각한 예의범절(사교의례)을 포함한다.

2) 의전의 중요성

의전은 형식이기도 하지만, 곧 전략이기도 하다. 의전이라는 무기를 어떻게 쓰느냐에 따라서, 자신의 경쟁력을 높여 줄 수 있기 때문이다.

개인적인 측면에서는 자신이 목표하는 바를 보다 효율적인 방법으로 달성해 나가는 데 있어 의전이 중요한 역할을 한다. 국내 모 기업의 사장단 중에 비서출신이 많다고 하는데, 비서들의 처신을 눈여겨 볼 필요가 있다. 비서들은 상사가 무엇을 원하는지를 알고 미리 대비한다. 또한 모든 상황들을 생각하면서 예상 가능한 상황들을 꼼꼼하게 챙기는 습성도 있다. 의전에 있어 제일 중요한 요소인 상대에 대한 배려와 good manners가 있으며, 이는 비서들이 인맥을 쌓아 나가는 데 있어 결정적으로 중요한 요인으로 작용한다. 현대 사회에 제일 중요한 성공 요인인 대화(communication)의 기술은 상대에 대한 배려, 즉 의전적인 사고와 행동 없이는 어렵다.

국가적인 차원에서의 의전은 그 나라의 품격을 드러내 주는 동시에 국가적인 목표를 달성하는 도구로 사용되기도 한다. 프랑스에서는 공식 연회 시 외빈과 방문국의 음식 및 와인에 대한 이해수준을 토대로, 접대하는 음식 및 와인 종류를 다르게 한다. 음식이 한 나라의 외교수단으로 사용되는 것은 국제관계에서 흔히 목격하는 부분이다. 2007년 평양에서의 남북 정상회담 시 답례 만찬 주 메뉴로 전주 비빔밥을 사용하였는데, 이는 남과 북이 하나 됨을 상징함으로써 정상회담의 분위기 조성에 한몫하게 된 것으로 평가받고 있다.

3) 의전의 기본원칙

(1) 의전은 상대에 대한 존중(Respect)과 배려(consideration)다.

의전의 바탕은 상대 문화 및 상대방에 대한 존중(Respect)과 배려에 있다. 의전의 출발점은 서로가 다르다는 점이며, 의전의 종결점은 다름을 어떻게 효과적으로 조율하느냐이다. 지구상에는 190여 개국이 넘는 나라가 다양한 문화, 다양한 생활방식으로 살아가고 있다. 공통적으로 적용되는 의전 관행도 있지만, 문화권별로 독특한 것도 있다. 우리의 경우 실내에 들어갈 때 신발을 벗는다. 의전적인 관점에서 보면 그런 문화에 익숙하지 않은 외빈들을 배려하는 자세, 외빈의 입장에서는 지역 문화를 존중하는 자세를 지니는 것이 중요하다.

(2) 의전은 문화의 반영(Reflecting Culture)이다.

의전(특히 국가 간 의전)은 또한 상호주의(Reciprocity)를 원칙으로 한다. 상호주의는 상호 배려의 다른 측면이기도 하다. 내가 배려한 만큼 상대방으로부터 배려를 기대하는 것이다. 국가 간 관계에 있어서 서로가 서로에 대해 어떤 대우를 하는가는 그 국가의 위상 및 존엄과도 연결되므로 매우 중요하게 다루어진다. 의전 측면에서의 소홀함으로 느껴질 수 있는 사안들은 국가 관계를 불편하게 하는 계기가 되기도 한다.

따라서 의전상 결례가 불가피한 상황이라면 사전, 사후에 충분한 설명으로 상대의 이해를 구하려는 노력이 필요하다.

(3) 의전은 상호주의(Reciprocity)를 원칙으로 한다.

의전격식과 관행은 특정시대, 특정지역의 문화를 반영(Reflecting Culture)하므로 시대적, 공간적 제약성을 갖는다. 따라서 현재의 의전 형식을 영구한 것으로 생각할 필요는 없다.

서구 근대국가(nation state)의 성립 및 서구사회의 팽창과 함께 서양식 의전 관행이 현재의 국제표준 의전 관행이 되고 있지만, 시대 및 장소의 변화에 따라 의전 관행도 변화되어 간다. 중국의 고서인 禮記에 禮는 '때에 따라 마땅한 바에 따르고, 남의 나라에 가서는 그 나라의 풍속에 따른다'라고 한 것과, '로마에 가면 로마인이 하는 대로 따라 하라(While in Rome, do as the Romans do)'고 한 서양 속담은 禮가 때와 장소에 따라 변한다는 것을 잘 말해 준다. 의전은 하나의 문화와 시대의 소산이라는 점을 생각할 때, 세상이 변화하면 문화도 변하고 의전 관행도 바뀔 수 있는 것이므로, 형식보다는 그 형식의 내재적인 발현인 '존중과 배려'라는 측면을 늘 염두에 두어야 할 것이다.

오늘날처럼 다양한 문화가 공존하는 가운데 경쟁을 벌이고 있는 세계화 시대를 살아 나가는 데 있어서 의전은 선택이 아닌 필수이며, 의전 형식에 대한 이해뿐 아니라 의전의 통해 나타난 상대의 문화에 대한 이해는 세상을 보다 현명하게 살아 나가기 위한 하나의 중요한 방편이 되고 있다.

(4) 의전은 서열(Rank)이다.

의전 기준 및 절차를 한마디로 표현하자면 서열(Rank)이다. 의전 행사에 있어 가장 기본이 되는 것은 참석자들 간에 서열을 지키는 것이다. 서열을 무시하는 것은 해당 인사뿐만 아니라 그 인사가 대표하는 국가나 조직에 대한 모욕이 될 수 있으며, 때문에 외국 대사들은 사적인 파티에서도 자신의 지위보다 낮은 좌석 배치 등에 대해서는 강한 항의와 퇴장도 불사하는 것이다.

주요 국제행사에 있어 국가 간에 서열을 정하는 것은 쉽지가 않다. 국력의 크기나 인구 순으로 국가의 서열을 삼을 수는 없기 때문이다. APEC이나 ASEAN+3, ASEM 등 우리나라가 회원국으로 참여하는 국제회의의 경우, 통상 의전 서열을 정하는 데 있어 알파벳 순서를 사용한다. 주최국을 중심으로 오른쪽으로 순서를 정하기도 하고, 오른쪽, 왼쪽으로 번갈아 가며 순서를 정하기도 한다. 어떤 순서가 되었든지 설명할 수 있는 기준을 정하는 것이 중요하며, 가능한 모든 참석자들이 예우를 받고 있다는 느낌을 받을 수 있도록 좌석 배치 시 각별히 신경을 쓸 필요가 있다. 그렇지 않으면 불필요한 의전상 오해를 사게 되기도 하며, 좋은 다자회의 결과물을 만들어 내고도 성공하지 못한 회의였다는 평가를 받게 될 수도 있기 때문이다.

(5) 오른쪽(Right)이 상석이다.

문화적으로, 종교적으로 왼쪽을 불경 또는 불결하게 여겨 온 전통의 소산이 오른 쪽 상석의 원칙으로 발전하게 된 것 같다. 행사를 host 하는 주빈의 경우 손님에게 상석인 오른쪽을 양보한다.

다만, 국기의 경우는 그렇지가 않다. 특히, 우리나라를 비롯, 중국, 일본 등은 국기에 대해서 상석을 절대 양보치 않는 관행이 있다. 자리를 양보하는 정상은 유한한 인간이지만, 국가를 상징하는 국기는 영원하므로 절대 상석을 타 국가의 국기에게 양보해서는 안 된다는 생각의 반영인 듯하다. 이에 반해 미국 등의 경우에는 이러한 논란을 원천 배제하기 위해 양측에 자국과 상대국의 국기를 함께 배치하는 실용성을 보이기도 한다.

여성에 대한 배려 역시 의전, 특히 서양의 경우 불문율처럼 되어 있다. 따라서 여성과 데이트를 할 경우에는 여성을 오른쪽에 두고 걷는 것이 신사의 도리이다. 다만, 대통령 등 최고위직에 대한 예우 차원에서 대통령이 여성에 앞서 상석을 차지하게 된다. 여성에 대한 배려는 의전에 있어 기본이지만, 요즈음처럼 여성의 인권이 신장된 경우 여성에 대한 배려 내지 예우는 과거만 못한 것도 사실이다.

쉬어가기

의전의 기본원칙

상당수의 사람에게는 의전이라는 용어 자체가 낯설고, 설령 이 용어를 알고 있는 의전이라고 하면 통상 지나친 격식, 과도한 형식 등 무언가 불편하고 부정적인 것을 연상하게 됩니다. 하지만 자동차의 윤활유와 같이 부분들의 흐름을 잘 연결시켜 주고 전체적인 운행이 조화롭게 진행될 수 있도록 도와주는 것, 그것이 바로 의전입니다.

의전은 기본적으로 형식에 관한 것이지만, 지나친 형식보다는 흘러가는 바람처럼, 흐르는 물처럼 막힘없이 자연스럽게 행사를 준비하고 진행하는 것이 잘하는 의전이기도 합니다. 각국의 다양한 문화적 배경, 관행을 바탕으로 각종 의전 형식이 발전되어 오기는 했지만, 복잡해 보이는 형식을 관통하고 있는 것은 역시 상식(common sense)이기 때문입니다.

본문에서는 상식(common sense)과 배려(consideration)로부터 시작되는 의전의 기본원칙에 대해 자세히 살펴봄으로써, 우리가 막연하게 생각하는 의전에 대한 올바른 인식을 키울 수 있도록 해 봅시다.

의전구성의 5요소(5R)

1. 의전은 상대에 대한 존중(Respect)과 배려(consideration)다.
2. 의전은 문화의 반영(Reflecting Culture)이다. 로마에 가서는 로마인처럼 행동하라.
3. 의전은 상호주의(Reciprocity)를 원칙으로 한다.
4. 의전은 서열(Rank)이다.
5. 오른쪽(Right)이 상석이다.

출처: 재미있는의전, 외교부.

쉬어가기

세계의 영빈관

외국의 경우 영빈관을 가지고 있는 나라가 많다. 영빈관이 있는 나라들은 그 나라의 역사와 문화, 예술 수준을 영빈관 건물 곳곳에 투영시켜 놓음으로써 건물 자체를 하나의 외교적 수단으로 활용하기도 한다. 우리나라에도 청와대에 영빈관이 있지만, 외빈이 투숙할 수 있는 공간이 아니라 연회장이나 행사장으로 쓰이는 건물이다. 건물 하나도 외교적 수단으로 활용하고 있는 여러 국가들의 예를 감안할 때, 우리도 영빈관의 필요성에 대한 보다 진지한 논의가 필요한 시점이다.

미국은 블레어 하우스, 중국은 조어대 그리고 일본은 황실 영빈관을 갖고 있다. 또 스페인, 폴란드, 우즈베키스탄, 핀란드 등이 영빈관을 보유하고 있으며 북한도 영빈관을 보유하고 있다.

- 미국, 블레어 하우스(Blair House)
  미국정부의 외국정상을 위한 공식 영빈관이다. 백악관 서쪽 가까운 거리에 4채가 소박하게 타운하우스 형태로 나란히 서 있다.

- 중국, 조어대(釣魚臺)
  중국 국빈관 조어대는 경치가 좋은 곳에 위치하며 국가 지도자들이 외사(外事)활동을 진행하는 중요 장소이다. 주로 외국 원수, 정부 수장 지도자들과 사회 유명인사들을 접대하는 곳이다. 김영삼, 김대중, 노무현, 이명박 대통령도 다녀간 곳이고 6자 회담이 개최되는 곳이기도 하다.

- 북한의 영빈관 백화원(百花園)
  북한의 대표적인 국빈 숙소로 백화원 초대소라고도 한다. 화단에 붉은 세이지를 비롯한 100여종의 꽃이 피어 백화원(百花園)이라는 이름을 붙였다고 한다.

출처: 재미있는의전. 외교부.

6. 안내

1) 방향 지시

(1) 시선

① 고객의 눈 → 안내하는 방향 → 고객의 눈

② 가리키는 방향을 상대에게 인지시킨 후에 손을 내린다.

(2) 자세

① 가지런히 모은 손 전체를 어깨 높이로 들어 지시할 방향 쪽으로 뻗는다.

② 팔꿈치의 각도로 원근을 조절한다.(근거리는 각도를 작게, 원거리는 각도를 넓게)

③ 오른쪽은 오른손을, 왼쪽은 왼손을 사용한다.

④ 가볍게 목례한다.

(3) 표정

① 밝고 부드러운 미소를 띠고 상대를 바라본다.

(4) 말투

① 멘트는 간결하고 상대가 이해하기 쉬운 용어를 사용한다.

② 멘트에 대하여 상대가 확인하면, 그 내용을 리체크한다.

2) 동행

(1) 최종 목적지에 대하여 구체적으로 말한다.

(2) 상대의 동선을 고려하여 상대보다 1~2보 앞서서 걷는다.

(3) 상대의 걸음 속도에 맞추어 걷는다.

(4) 나란히 걷는 것이 아닌 상대방 쪽으로 몸을 향하여 걷는다.

(5) 방향을 바꿀 때는 2~3걸음 전에 미리 알려 준다.

(6) 목적지에 도착 전 도착 예정을 알려 준다.

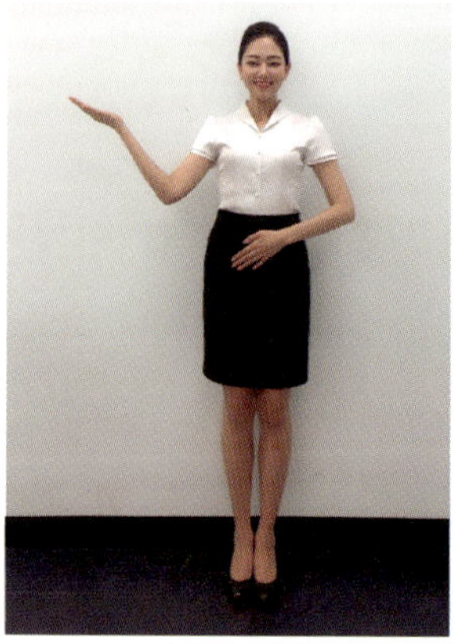

3) 문을 여닫을 때

(1) 당기는 문

① 문 앞에 서 노크를 한다.

② 상대가 통과하기 쉽도록 문을 90도 정도로 연다.

③ 손잡이를 잡고 문 뒤에서 몸의 2/3 정도를 내민다.

④ 문을 잡고 있지 않는 쪽 손으로 방향 지시를 한다.

⑤ 안으로 들어가 문을 닫는다.

(2) 밀고 들어가는 문

① 문 앞에서 서 노크를 한다.

② 문을 밀어서 연다.

③ 상대보다 먼저 안으로 들어가 문을 잡고 서 있는다.

④ 안쪽을 가리키며 들어오도록 안내한다.

⑤ 상대가 안으로 들어오면 확인하고 문을 닫는다.

4) 엘리베이터 이용할 때

(1) 엘리베이터 탑승 전 목적지를 알려 준다.

(2) 상대가 1명일 경우 엘리베이터 밖의 버튼을 누르고 상대가 먼저 들어가도록 한다.

(3) 상대가 다수일 경우 엘리베이터에 먼저 타서 안의 버튼을 누르고 상대가 들어오도록 한다.

(4) 목적한 층에 도착하면, 상대가 먼저 내리도록 한다.

5) 물건 전달

(1) 물건 건넬 때

① 상대를 정면에서 밝은 표정으로 마주한다.

② 상대쪽으로 상체를 약간 숙인다.

③ 시선은 상대의 눈 → 건네는 물건 → 상대의 눈으로 이동한다.

④ 물건은 가슴과 허리 사이의 높이에서 자유롭게 손을 움직이는 높이가 좋다.

⑤ 물건을 건네면서 어떤 물건인지 설명한다.

(2) 물건 받을 때

① 물건을 건네 줄 상대쪽을 향하여 밝은 표정으로 마주한다.

② 상대쪽으로 상체를 약간 숙인다.

③ 시선은 '상대의 눈 → 건네는 물건 → 상대의 눈'으로 이동한다.

④ 물건은 가슴과 허리 사이의 높이에서 자유롭게 손을 움직이는 높이가 좋다.

⑤ 떨어뜨리지 않도록 두 손으로 확실하게 받는다.

⑥ 물건에 대한 설명을 잘 듣고 확인한다.

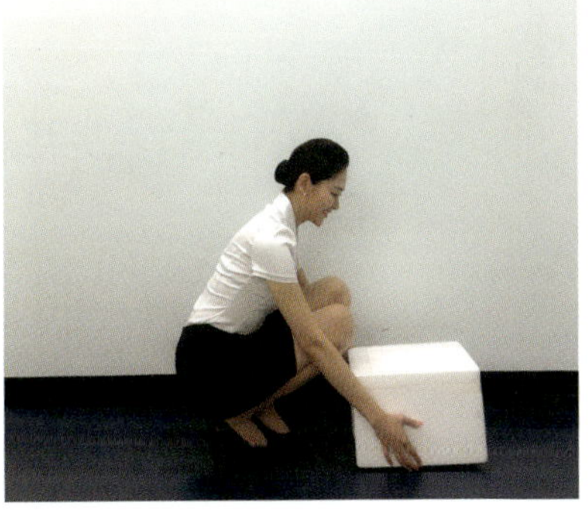

바른 자세

나쁜 자세

CHAPTER 12

여행 매너

학습목표

1. 해외여행에 필요한 서류를 알고 필요한 정보를 습득한다.
2. 출국, 입국 절차를 이해한다.
3. 기내에서 지켜야 하는 매너를 이해한다.
4. 여행할 때 매너를 이해하고, 세부내용을 알아본다.
5. 공연문화를 이해하고, 관람 시 매너를 알아본다.

1. 공항

1) 여권

여권은 대한민국 정부가 자국민에게 발급해 주는 국제신분증이다. 해외 체류 시 자신의 신분을 증명해 주는 매우 중요한 서류이기에 발급도, 사용 시 관리도 각별히 주의해야 한다.

(1) 여권의 종류

여권은 신분과 방문 목적에 따라 발급된다.

구분	내용
일반여권	• 대한민국 국적의 모든 국민이 발급 가능
거주여권	• 해외이주자의 거주목적의 여권으로, 외교부장관 승인이 있어야 발급 가능
관용여권	• 여행목적과 신분에 따라 외무부장관의 판단과 승인으로 발급
외교관여권	• 외교업무 및 국제통상을 목적으로 국외를 여행하는 공무원에게 발급 • 외교관 외 배우자, 자녀 등 기타 기능직 공무원을 제외한 재외 공관에 근무하는 현역 군인에게도 발급
여행증명서	• 출국하는 무국적자나 여권 분실 등의 긴급 상황에서 외교통상부장관이 여권을 대신하여 발급하는 증명서 • 1회성이며, 여권을 대신하여 사용 가능한 서류

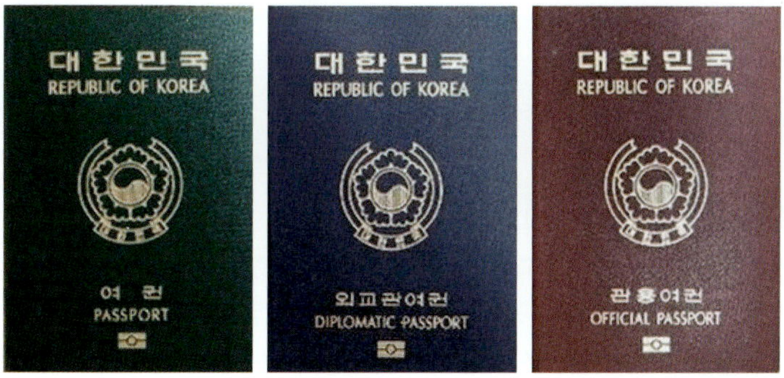

종류별 여권

(2) 전자여권

비접촉식 IC칩을 내장하여 바이오인식정보(Biometric Data)와 신원정보를 저장한 여권이다. 기존여권과 동일하게 종이재질의 책자 형태이며, 다른 점은 앞표지에 국제민간항공기구(ICAO)의 표준을 준수하는 전자여권임을 나타내는 로고가 삽입되어 있고, 뒤표지에는 칩과 안테나가 내장되어 있다.

쉬어가기

스마트패스

인천국제공항공사(사장 이학재)는 스마트패스(ICN SMARTPASS) 모바일 앱의 등록 절차를 간소화했다고 밝혔다.

스마트패스는 2024년 7월 국내 공항 최초로 도입된 안면인식 기반 출국 서비스로, 여권과 탑승권 없이 얼굴 인식만으로 출국장과 탑승구를 통과할 수 있는 시스템이다.

기존에는 스마트패스를 사용하려면 전용 앱에서 전자여권의 IC칩을 직접 스캔해 여권 진위 여부를 검증해야 했다. 하지만 이번 개선으로 정부기관과의 정보 연계를 통해 IC칩 인식 없이 자동으로 여권 진위 여부를 확인할 수 있게 됐다. 이로 인해 등록 절차가 간소화됐으며, 사용자의 편의성도 크게 향상됐다.

인천공항은 금융권과 협력해 스마트패스 사전 등록 채널을 지속적으로 확대하고 있고, 이용 편의성을 높이는 데 힘쓰고 있다.

쉬어가기

영국, 전자여행허가(ETA) 제도 확대 시행

영국은 전자여행허가(ETA) 제도를 한국 포함 40여 개 나라로 확대해 2025년 1월 8일(현지시간)부터 시행에 들어갔다.

ETA는 비자와는 별도로 입국 전 온라인 등록 등을 통해 받는 입국 허가다.

한국과 일본, 호주, 뉴질랜드, 미국, 캐나다, 아르헨티나, 브라질 등 48곳은 2025년 1월부터 시행이고, 오는 4월 2일부터는 34개 유럽 국가도 적용된다.

ETA를 받으면 2년에 걸쳐 1번에 최대 6개월까지 비자 없이 영국에 머물 수 있다.

2) 비자

비자는 방문 상대국이 정부에서 입국을 허가해 주는 입국 허가증이며, 소지여권의 사증란에 인증하는 제도이다. 최근 무비자 입국 가능국이 늘어나는 추세이다. 이로써 출입국 절차에 대한 부담이 감소하여 더 많은 관광객을 유치할 수 있다는 이점이 있다.

하지만 여전히 입국 시 비자가 필요한 나라들이 있으니, 여행을 준비하는 단계에서 입국에 필요한 서류는 꼼꼼히 준비하는 것이 좋다.

(1) 비자의 종류

비자의 종류는 국가에 따라 다소 차이가 있지만 일반적인 기준에 의한 분류는 다음과 같다.

① 여권에 의한 분류

일반비자/공용비자/외교비자

② 입국횟수 허용에 의한 분류

구분	내용
단수비자(Single Visa)	• 1회 입국에 한하여 유효
복수비자(Multiple Visa)	• 유효기간 동안 횟수에 관계없이 입국 가능

③ 입국 목적에 의한 분류

구분	내용
입국비자 (Entry Visa)	• 관광이나 상용 등의 목적으로 입국하려는 자에게 발급
통과 및 경유비자	• 제3국으로 향하는 과정에서 필요에 의해 도중경유지에 들르는 경우에 발급하는 비자 • 해당 경유국에서 단기간 체류를 허락하여 발급해 줌 • 여행목적지를 경유나 통과 시에 단기간 또는 72시간 이내에 체류 가능하고, 현지 공항에서 발급해 줌

④ 방문 목적에 의한 분류

구분	내용
관광비자	• 관광목적이나 친지방문 등 단순목적의 여행자에게 발급
상용비자	• 상용거래와 비즈니스 상담목적의 입국자에게 발급
유학비자	• 해당국가의 교육기관에서 인증한 장기 체류학생에게 발급 • 취업 등 학생 고유의 목적 이외의 활동은 불가
취업비자	• 단기 또는 장기 취업목적으로 입국하는 자에게 발급
이민비자	• 영주를 목적으로 입국하는 자에게 발급
문화비자	• 운동선수/기능인/연예인/종교인 등 일정기간 내에 활동하는 자에게 발급
동거비자	• 입국비자가 유효한 자의 배우자 및 자녀에게 발급
선원비자	• 해당국가 간의 원양해운상사의 취업절차에 따라 인증 및 발급
관용비자	• 해당국가에 양해된 공무원 또는 외교목적으로 장기간 입국하는 자에게 발급

(2) 비자 신청 전제조건

① 비자는 유효한 여권을 소지한 경우에 발부되므로 여권 취득이 반드시 전제조건이 된다.

② 입국 시는 물론 비자 신청 시에 일정기간 이상의 유효기간이 남아 있는 여권을 요구하는 국가들이 많으므로 국가별로 요구하는 여권의 잔존 유효기간을 확인해야 한다. 일반적인 요청기간은 3~6개월이다.

3) 여행자보험

여행자보험은 여행 중 발생할 수 있는 다양한 사고나 질병으로부터 보호해 주는 보험이다. 보험 종류에 따라 보장 내용이 다양하니, 여행 스타일에 맞는 보험을 선택한다.

(1) 여행자보험의 주요 보장 항목

구분	내용
의료비 보장	• 여행 중 아프거나 다쳤을 때의 치료비 보장
개인 재산 손실 보장	• 짐 분실, 도난이 발생했을 때
여행 취소 및 중단 보장	• 여행을 시작하거나 진행하다가 갑작스러운 사유로 취소하거나 중단할 경우에 일부 보장
내구 연가 보장	• 귀국 후 일정 날짜 안에 발생한 사고에 대해 보장

4) 출입국 절차

(1) 출국

① 공항도착

도착지에 따라 국내선, 국제선 청사를 이용할 수 있다.

- 국내선: 출발 40분 전 공항 도착하여, 수속 후 탑승
- 국제선: 출발 3시간 전 공항 도착하여, 수속 후 탑승

국제선 항공기 이용 시 거쳐야 하는 단계에 혼잡도를 예상하여 출발 약 3시간 전에 여유롭게 도착하는 것이 좋다. 최근 국제선 항공편 이용자들의 증가로 3시간도 짧다는 의견이 뉴스에 종종 보도된다. 촉박하게 준비하는 것보다는 여유롭게 시간을 안배하는 편이 기분 좋은 여행을 시작할 수 있는 첫걸음이라고 할 수 있다.

인천국제공항을 비롯하여 공항청사가 여러 개 있는 곳이 있으니 사전에 탑승할 항공사의 공항청사터미널을 확인한다.

② 탑승수속 및 수하물 보내기

공항 도착 후 본인이 이용할 해당 항공사의 체크인 카운터를 찾는다. 체크인 카운터에서 탑승수속을 하거나 체크인 키오스크를 이용하면 조금 더 빠르게 수속할 수 있다. 최근에는 체크인 카운터도 세분화되어 상위 클래스, 짐이 없는 승객, 모바일예약 등으로 구분하고, 디지털기술을 활용한 무인자동서비스도 확대 운영하고 있다.

기내수하물이나 위탁수하물은 반입이 금지되어 있거나 허용되지 않는 품목들이 다양하니, 관련 내용은 국토교통부와 교통안전공단 및 각 항공사 사이트를 참고한다. 더불어 최근 기내 위탁수하물에 대한 규정 또한 변동사항이 있으니 참고하여 이용한다.

상식

기내용캐리어 무게 기내수하물 10Kg

대한항공 위탁수하물 기내수화물 규정 비행기 반: 네이버블로그
https://blog.naver.com/80sunjin/223738428679

일반석 일등석/프레스티지석

- 휴대수하물 개수 : 휴대용 가방 1개 + 개인 소지품 1개
- 휴대수하물 무게 : 총 무게 10kg 이내

휴대용 가방

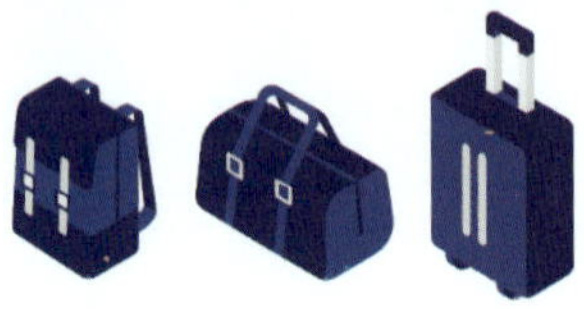

크기	세 변의 합이 115cm(45in)이내 또는 55cm x 40cm x 20cm 이내 (손잡이, 바퀴 포함)
운송 가능한 물품	휴대용 캐리어, 배낭, 보스턴백 등

개인 소지품

크기	40cm x 30cm x 15cm 이내
운송 가능한 물품	핸드백, 서류가방, 노트북 가방 등

• 일반석을 이용하는 경우 개인 소지품은 노트북 컴퓨터, 서류가방, 핸드백 중 1개를 앞 좌석 밑에 들어갈 수 있는 크기로 제한됩니다.

일반석 **일등석/프레스티지석**

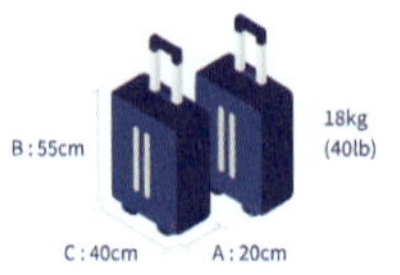

개수	휴대용 가방 2개
무게	총 무게 18kg(40lb) 이내
크기	가로X세로X높이의 합 115cm(45in)이내 또는 각 변이 각각 A세로 20cm, B높이 55cm, C가로 40cm이내 (손잡이, 바퀴 포함)

출처: 대한항공 홈페이지.

③ 검역

검역은 전염병이나 해충 등이 외국으로부터 들어오는 것을 막기 위함이 목적이다. 이에 대비하기 위하여 해외 여행자 및 동식물에 대하여 검역 및 증명서를 발급한다. 목적지에 따라 요구되는 증명서들은 해외여행질병정보센터(http://travelinfo.cdc.go.kr)에서 확인하여 사전에 준비하도록 한다.

④ 세관신고

출국 시 소지하고 있는 물품 중 고가 혹은 명품이거나 미화 1만불을 초과하는 제품일 경우 반출하기 전에 신고하는 것이다. 휴대물품 및 외화 반입신고서를 작성하여 출국 후 재반입할 때 입국 시 면세를 받을 수 있다.

⑤ 보안검색

출국의 가장 첫 단계로, 항공기를 타기 위해 검색요원에게 보안검색을 받는다. 여권과 탑승권을 제시하고, 소지하고 있는 모든 휴대물품에 대한 검색을 받는다. 검색이 끝나면 출국심사지역으로 이동한다. 보안구역에서는 사진을 찍거나 동영상 촬영, 통화 등이 금지되어 있으니 주의한다.

⑥ 출국심사

여권과 탑승권을 출국심사원에게 제시하고 출국확인을 받는다. 최근 자동출입국심사(Smart Entry Service)를 이용하는 여행객이 증가하고 있다. 입·출국 심사대에서는 지정된 대기선 안에서 기다리며, 직원의 안내에 따라야 한다. 또한 출국심사 지역도 보안지역이기에 사진을 찍거나 통화를 하는 등의 행위는 제재를 받을 수 있음으로 주의한다.

⑦ 항공기 탑승

출국심사가 완료되면 항공기 탑승 전까지 자유시간을 가진다. 면세점 쇼핑이나 라운지 등을 이용한다. 일반적으로 출발 30분 전에 탑승을 시작하니 탑승 시간과 탑승구를 확인하고 탑승한다. 또한 항공기가 지연되거나 탑승구가 변경되는 경우도 있으니 안내 방송에도 귀를 기울인다.

(2) 입국

① 공항도착

목적지 공항에 도착하여 항공기가 완전히 멈출 때까지 기다린다. 해당 국가의 입국서류가 필요한 경우 관련하여 서류작업은 완료하여 준비한다.

② 검역

콜레라, 페스트, 말라리아 등이 발병하는 지역을 방문한 기록이 있는 여행객은 입국 시 반드시 검역질문서를 제출한다(승무원 포함). 특히 여행 중 설사, 복통, 발열, 구토 등의 증상이 있으면 검역관에게 신고해야 하고, 귀가 후에도 해당 증상의 지속 여부에 따라 가까운 검역소나 보건소에 신고해야 한다. 최근 한국 입국의 경우 Q-코드(사전 검역 질문서)를 작성으로 검역 절차가 간소화되었으며, 이 경우 검역관 앞에서 코드를 스캔하는 것으로 빠른 통과가 가능하다.

③ 입국심사

도착 후 여권을 입국심사원에게 제시하고 입국확인을 받는다. 각 공항에 자국인과 외국인을 구분하여 안내하고 있으니 관리하는 공무원의 안내에 맞춰 이용한다.

④ 세관신고

위탁수하물을 수취한 후 세관검사장으로 이동한다. 이때 각국의 면세 규정을 확인하여 이에 따라 신고할 물품이 있을 경우 신고서 작성 후 신고한다. 나라마다 세관 규정이 상이하니 입국 전 꼭 확인한다.

상식

주류 면세 한도 규정

한국에 입국하는 여행자는 다음 조건에 따라 주류를 면세로 반입할 수 있다.

1. 2병, 2리터, 400달러 이하

- 주류는 두 병(2L 이하)까지만 면세가 적용된다.
- 미화 400달러(또는 이에 해당하는 금액)을 초과하면 면세 혜택이 적용되지 않는다.
- 2025년 3월경 병수 제한만 완화 예정

2. 만 19세 이상만 해당

- 주류 면세 한도는 만 19세 이상 성인 여행자에게만 적용된다.

3. 동반 가족별 한도 적용

- 동반 가족이라도 주류 면세 한도는 개인별로 적용된다. 가족 구성원이 각각 규정에 맞는 주류 반입이 가능하다.

2. 기내

2019년 코로나가 시작되기 전 국내공항의 국제선 이용 승객은 약 9천만 명에 육박하는 수치를 보여 준다. 해외여행이 매우 활성화된 모습으로, 인천공항에서만 7천만 명의 관광객들이 국제선을 이용하는 매우 활성화된 모습을 볼 수 있다. 이렇듯 항공기를 이용하는 인원이 점차 증가하는 추세임을 볼 수 있다. 하지만 사용자의 숫자가 기하급수적으로 증가하는 데 발맞추어 기내에서의 매너 수준도 발전하고 있는지는 의문이다.

모두가 즐겁고 행복한 여행을 시작할 수 있도록 기내에서 지켜야 할 기본 매너에 대하여 알아본다.

1) 기내 객실 매너

기내는 다국적의 남녀노소가 함께 여행하는 매우 특별한 공간이다. 글로벌 에티켓을 준수하여 모든 탑승객이 쾌적하고 즐거운 여행을 할 수 있도록 승객 모두의 협조가 필요하다. 다른 고객들에게 불편, 불쾌감을 주거나 개인 공간을 침해하는 행위는 승무원의 안내 및 제재조치가 있을 수 있으니 주의한다.

(1) 항공기 내는 해당 항공사의 국적법을 따른다. 외항사의 경우 해당 국가의 법이 적용되기에 객실승무원을 포함한 해당 항공사 직원의 지시에 잘 따라야 한다.

(2) 승무원은 서비스인 이전에 안전보안 요원이다. 편안한 비행을 위해서 고객에게 서비스를 제공하는 승무원은 비상상황이 발생할 경우에는 안전보안요원으로의 활동 의무가 있다. 이런 상황이 발생할 때는 안전이 최우선이 되어 고객들의 생명과 안전을 위한 지시를 요구할 것이며 이를 적극적으로 따라야 한다.

(3) 이착륙 시는 항공기 사고가 발생할 가능성이 가장 높은 시점이다. 이를 위하여 행하는 안전 활동들은 적극 따라야 하며, 이동이 가능한 시점에 도달할 때까지 기다린다.

① 이착륙 시 착석

② 창문커튼, 테이블, 좌석 등받이, 발받침, 휴대용 물품 등은 모두 제자리로

③ 사용 가능한 전자기기만 비행모드로 변경하여 사용

(4) 비행기는 폐쇄되어 있는 좁은 공간이다. 그리고 이를 장시간 함께 사용해야 한다. 이런 이유로 함께 하는 동안은 주변 승객들에게 불편함을 줄 수 있는 행동은 삼가야 한다.

(5) 종종 기념품 명목으로 담요나, 식기 등을 가져가는 경우가 있다. 기내 물품은 항공사의 자산임으로 기내에서 잘 사용하고 두고 오도록 한다.

(6) 앞/뒷좌석에 대하여 배려한다. 앞좌석 사이의 팔걸이에 발을 올린다던가, 앞좌석을 무릎으로 치는 행위, 머리 부분의 스크린을 손가락으로 꾹꾹 눌러 좌석을 흔들리게 하는 행위 등은 앞사람의 휴식을 심하게 방해하는 행위들이다. 또한 뒤로 좌석을 많이 넘겨서 뒷사람의 이동을 불편하게 하는 것도 뒷사람의 휴식을 방해하는 행위들이니 삼가야 한다.

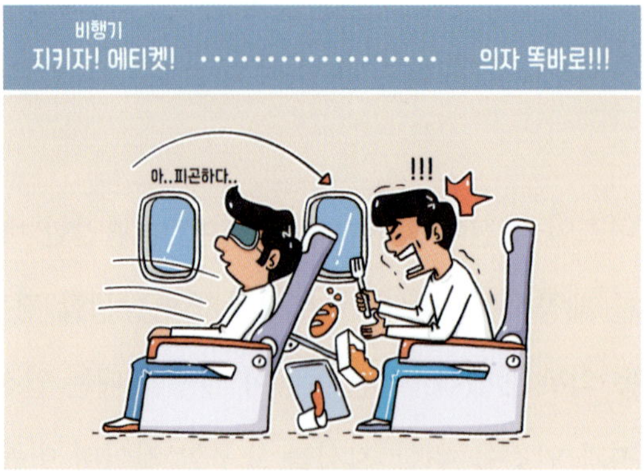

쉬어가기

기내 에티켓에 반하는 비매너

아시아나항공 홈페이지

- 양말을 벗거나 개인 휴대 음식 취식으로 냄새 발생
- 음악이나 영상물을 스피커로 재생하여 소음 발생
- 과도한 음주(기압차로 인하여 평상시보다 빨리 취할 수 있음)
- 손/발 또는 신체 일부를 앞/옆 좌석이나 팔걸이에 올려 다른 손님에게 불쾌감 유발
- 식사 시간에 좌석 등받이를 젖혀 뒤 손님의 식사 방해
- 앞 좌석 등받이를 밀치거나 모니터를 강하게 터치하여 앞 손님에게 불편 초래
- 일행 간 큰 소리 대화로 주위 손님의 휴식 방해
- 유/소아의 소란스러운 행동을 방관하는 보호자의 행위
- 화장실 이외의 장소에서 양치를 하는 행위
- 과도한 사진/동영상 촬영으로 주위 손님의 초상권을 침해하는 행위
- 반려동물을 케이지에서 꺼내는 행위

출처: 기내환경 및 에티켓 | 아시아나항공.

2) 비상구 좌석 매너

(1) 비상구 좌석은 사전에 착석 가능한 고객임을 확인하고, 추가 금액을 지불하여 판매되는 좌석이다. 비상구 좌석은 좌석간의 간격이 타 좌석에 비해 넓다는 이점으로 많은 이용객들이 선호하는 좌석으로 인식되고 있다. 하지만 구매 시 확인 인원이 아닌 자격 요건에 충족되지 않는 지인이 착석하는 경우가 있어 여행이 시작하기 전에 승무원과 실랑이가 되는 경우가 종종 목격된다.

(2) 비상구 좌석은 비상상황 발생 시 승무원을 도와 승객의 탈출이 가능한 사람이 착석해야 한다. 이에 비상탈출절차와 비상구 개폐방법을 사전에 안내받고 학습해야 한다.

쉬어가기

비상구 강제로 열면

여객기 비상구 강제로 열면 중형 받는다? / 연합뉴스

2024년 11월 국내 공항에서 출발을 준비 중이던 여객기 내에서 한 승객이 비상구를 강제로 열어 이륙이 지연되는 등 최근 들어 여객기 비상구 관련 사고가 끊이지 않고 있다.

그렇다면 승객이 임의로 여객기 내의 비상구를 열 경우 어떤 처벌을 받게 될까?

승객이 여객기 내의 비상구를 함부로 여는 행위는 승객과 승무원의 안전을 심각하게 위협하는 행위로 간주하여 엄중히 처벌받게 된다. 동승한 승객이 다치는 등 심각한 사안으로 번질 경우 징역 10년 이상까지 가중 처벌될 수 있으며 항공사로부터 수억 원의 손해배상 요구와 함께 탑승한 피해 승객들로부터 정신적·신체적 피해에 대한 소송도 당할 수 있다.

3) 휴대수하물

수하물은 고객이 여행 시 휴대 또는 탁송을 의뢰한 소지품 및 물품을 의미하는 단어이다.

(1) 수하물 반입 규정

기내로 가져갈 수 있는 휴대수하물의 개수는 보통 기내 반입 가능한 가방 한 개와 작은 핸드백 정도로 규정하고 있다. 이 외 여러 개의 쇼핑백이나 짐을 가지고 탑승하는 경우가 있는데, 최근 기내에 반입하는 휴대수하물 관련 규정이 강화되고 있으니 이용하는 항공사의 규정을 사전에 확인하는 것이 바람직하다.

(2) 수하물 종류

구분	내용
위탁 수하물	• 고객이 항공사에 탁송 의뢰하여 수하물표를 발행한 수하물
휴대 수하물	• 위탁수하물이 아닌, 기내에 휴대하여 운송하는 수하물

출처: 아시아나항공 공식 홈페이지.

(3) 휴대수하물의 세부 내용

구분	내용
허용 규격	• 무게: 10kg(22lbs) • 크기: 삼면의 합 115cm 이내 또는 각 변의 최대치(Height)55cm×(Depth)20cm×(Width)40cm
해당 물품	• 규격에 맞는 캐리어, 배낭, 보스턴백, 소형 악기류 등 • 노트북 가방, 소형 배낭, 핸드백, 면세품 가방 등의 개인 물품
보관 위치	• 앞 좌석 하단 • 머리 위 O.H.B(Over Head Bin)

출처: 아시아나항공 공식 홈페이지.

4) 기내식

기내식은 항공기를 이용하는 동안 기내에서 제공되는 음식 및 음료를 말하는 것으로, 반조리 상태로 탑재되어 서비스 시점에 적절한 온도에 맞춰 제공된다. 최근 항공사를 선택하는 기준이 될 정도로 기내식에 대한 기대와 관심이 증가하고 있다.

(1) 제한된 공간에서 한정된 메뉴로 제공되는 기내식은 모든 고객에게 만족을 줄 수는 없다. 자신이 원하는 메뉴를 고르지 못하여 승무원과 실랑이를 하는 모습은 다른 고객들에게 불편을 줄 수 있으니 주의하는 것이 좋다. 또한 추가 식사를 요청하는 것도 비매너로 보일 수 있으니 주의한다.

(2) 기본적으로 고기/생선 혹은 고기/치킨으로 2가지 중에 고를 수 있도록 구성되어 있다. 건강이나 종교적인 이유로 기내에서 제공되는 일반식을 취식하기 어려울 경우에는 항공사에서 제공하는 특별식을 이용할 수 있다. 다만 특별식은 사전 주문으로 제공하며, 각 항공사별로 사전 예약 규정이 있으니, 확인하여 이용하는 것이 좋다.

(3) 식사 서비스가 진행되는 동안에는 나를 둘러싸고 있는 앞/옆/뒷 사람의 식사에 방해되지 않도록 주의한다. 식사 서비스가 시작되면 나의 좌석 등받이는 제자리로 한다. 또한 승무원과 먼 안쪽 고객부터 주문하여 서비스 받을 수 있도록 차례를 지킨다. 반대로 식사가 끝나고 회수가 시작하면 승무원과 가까운 바깥쪽 고객부터 서비스 받도록 한다.

(4) 주류 서비스는 19세 이상의 성인에게 허용되며, 이 또한 항공사의 규정에 따라 제공하고 있으니 무리한 요구는 금물이다.

상식

Q. 기내에 따로 들고 들어온 술을 마셔도 되나요?

안됩니다. 기내에서 제공되는 맥주나 와인 등은 승무원들이 일일이 숫자를 세고 있습니다. 승객들이 얼마나 술을 마시는지 지켜봐야 하기 때문입니다. 그런데 개별적으로 가져온 술을 몰래 마시면 승객이 얼마나 술을 마셨는지 알 수가 없습니다. 승객들의 안전이 제어가 되지 않을 수 있는 겁니다. 또한 몰래 술을 마시다가 승객의 몸에 이상이 생기면 항공기가 회항을 해야 할 수도 있습니다. 다른 승객들과 항공사에 막대한 피해를 주게 됩니다.

기내 화장실 등에서 몰래 술을 마시다가 적발되는 승객들이 더러 있습니다. 항공사들은 "법적인 처벌은 아니나, 음주 후에 기내 난동 등이 발생하면 항공보안법 위반으로 책임을 져야 할 수 있기 때문에 개별적으로 가져온 술을 마시는 건 허용하지 않고 있다"는 것이 공통적인 입장입니다. 몰래 들여온 술을 마시다 적발되면 제지를 당할 수 있습니다. 항공 안전을 위해 금지된 음주 행위는 절대 해서는 안 됩니다.

출처: 기내에서 술은 몇 잔까지? 소주는 왜 안 팔까?[떴다떴다 변비행] | 동아일보.

3. 호텔

1) 예약

호텔 및 숙박 시설을 이용할 때에는 일반적으로 사전 예약을 하는 경우가 많다. 최근에는 온라인 예약 사이트를 이용하여 여행자 본인에게 가장 알맞은 숙박시설을 비교 분석하고, 온라인상으로 예약하는 일이 일반적이 되었다. 이렇듯 호텔을 비롯한 숙박시설을 예약할 경우 여권 정보와 신용 카드를 이용하여 예약 및 결제를 하고 예약 번호와 예약 정보를 사전에 정확하게 알고 있는 것이 이용 시 편리하다. 그리고 이용 날짜 2~3일 전에는 재확인을 하여 예약이 제대로 진행되었는지도 점검할 필요가 있다.

또한 사정이 생겨 부득이하게 예약을 취소해야 하는 상황이 발생한다면, 즉시 예약한 업체에 통보하여 적합한 절차에 따라 취소를 진행하면 된다.

무엇보다 예약을 할 때에는 여권상의 영문이름, 성별, 객실타입, 도착일시, 출발예정시간, 연락처, 지불방식 등을 체크한다. 그리고 숙박지까지의 교통편을 문의하여 호텔에서 제공하는 교통편을 이용할 수 있는지도 확인해 본다.

2) 체크인

(1) 호텔 로비에 도착하면 리셉션, 프론트 데스크로 가서 체크인을 한다. 이때 여권과 예약 시 사용했던 신용카드를 미리 준비한다.

(2) 온라인으로 예약을 했다면, 예약번호를 알려 주고 필요시 호텔 측에서 제시한 고객카드(성명, 국적, 여권번호, 주소, 숙박기간, 연락처 등)를 작성한다.

(3) 예약 시 결제를 하였어도, 디포짓(Deposit, 보증금)을 요구하는 호텔이 대다수이다. 이는 객실 사용 중 발생할 수 있는 비용을 대비해 보증금으로 걸어 놓는 시스템으로, 투숙하는 동안 룸서비스나 미니바 등 호텔에서 사용할 수 있는 서비스 사용으로 추가 금액이 발생하지 않는다면 디포짓 전액을 환급해 준다.

(4) 체크인이 완료되면 룸 키와 바우처를 받으며, 룸 키를 담아 주는 파우치에는 일반적으로 wi-fi 사용법이 적혀 있으니 이용 시 참고하면 된다.

(5) 이 외 주차 등록이나 혹시 벨 데스크에 맡겨 둔 짐이 있다면 티켓을 보여 주면 된다.

(6) 객실 배정이 끝나면 벨맨이 나중에 짐을 방으로 가져다준다. 이때 본인이 가져갈 경우에는 감사의 인사와 함께 본인이 챙겨 가도 무방하다.

(7) 호텔의 일반적인 체크인 시간은 오후 2~3시인데, 이보다 빨리 도착할 경우에는 벨 데스크 혹은 리셉션에 짐을 맡겨 둘 수 있다.

3) 체크아웃

(1) 일반적인 호텔 체크아웃 시간은 오전 11시이다. 레이트 체크아웃도 가능하지만, 추가로 이용하는 시간에 따라 가격이 책정되어 있으니, 출발 일정에 따라 레이트 체크아웃이 필요하다면 예약 시 요청 가능하다. 종종 추가 요금 없이 레이트 체크아웃이 가능한 호텔도 있으니 예약 시 꼭 확인한다.

(2) 호텔에서 일정을 마칠 때는 지내는 동안 사용했던 미니바, 룸서비스에 대한 가격을 별도로 결제할 수 있다. 체크아웃 시 영수증이나 호텔 시설 이용 내역서를 요청하면 직원이 안내해 준다. 객실 내 미니바나 서비스 용품을 이용했을 경우에는 해당 내용에 체크하여 결제하면 된다.

(3) 별도의 추가 내역이 없다면 간편 체크아웃도 가능하다. 이때는 체크인 시 받았던 룸 넘버가 적혀 있는 룸 키 파우치에 룸 키를 넣어 로비에 있는 익스프레스 체크아웃 박스에 넣으면 된다.

4) 호텔 내 매너

호텔은 많은 사람들이 함께 사용하는 공공장소라고 생각할 수 있다. 물론 개인 공간을 사용하려는 목적으로 방문하지만, 나와 같은 생각을 가진 다수의 사람들이 함께 개인 시간을 즐기러 방문하는 장소이기에 질서와 예의를 지켜야 한다.

(1) 방문을 열어 놓고 큰 소리로 떠들거나, 음악을 틀어 소음이 발생하는 것, 복도를 지나갈 때 뛰거나 쿵쿵거리는 등의 행위는 다른 고객들이 불쾌감을 느낄 수도 있다.

(2) 객실 내에서 사용하는 실내용 슬리퍼나 속옷, 잠옷 등을 입고 호텔 로비로

이동하거나 복도를 돌아다니지 않도록 한다. 수영장이나 사우나 등을 이용하는 경우 간단한 차림새로 이동할 수는 있지만, 지나치게 노출이 심하거나 상대방에게 불편감을 주는 복장은 지양한다.

(3) 엘리베이터를 이용하거나 호텔 내 이동 시, 혹은 호텔 내 시설들을 이용할 경우 마주치는 손님이나 직원에게 가볍게 인사를 한다.

(4) 룸서비스나 특별한 서비스를 부탁할 경우에는 팁을 잊지 않는다.

5) 객실 매너

(1) 욕실사용 매너

일반적으로 호텔의 욕실은 건식인 경우가 많다. 우리나라 화장실이나 욕실은 대부분 습식인 경우가 많아 호텔을 이용하면서 곤욕을 겪은 경험담이 개인적으로 한두 개 정도는 있을 것이다.

최근 건식으로 욕실을 이용하는 경우가 많아지면서 이런 경우는 많이 줄었지만, 욕조나 샤워부스 밖으로 물이 흘러가지 않도록 주의해야 한다.

욕조 안에는 미끄럼 방지 매트가 있는데, 이것은 욕조 안에 넣고 사용하면 된다.

다양한 크기의 타올은 목적에 맞춰 사용하면 된다. 가장 큰 크기의 타올은 샤워나 목욕 후 몸을 닦는 타올로 사용하고, 흔히 집에서 사용하는 크기의 타올은 세수를 하거나 손을 닦은 후 사용하면 된다. 세수용 타올과 같은 크기이지만 타올모가 조금 더 딱딱한 타올은 욕실 바닥에 깔아 사용하면 된다. 손수건 크기의 가장 작은 타올은 세면대나 거울의 물기를 닦는 용도로 적합하다.

타올을 재사용 시에는 수건걸이에 걸어 두면 되고, 회수를 원하는 경우에는 욕조나 욕실 내 한 곳에 쌓아 두면 클리닝 시 회수하고 리필해 둔다.

어메니티 용품에는 일회용 칫솔/치약, 빗, 비누, 로션, 샴푸/컨디셔너 등이 있는데, 어메니티 용품은 서비스 차원으로 호텔에서 제공하는 물품으로 추가 비용이 발생하지 않는다.

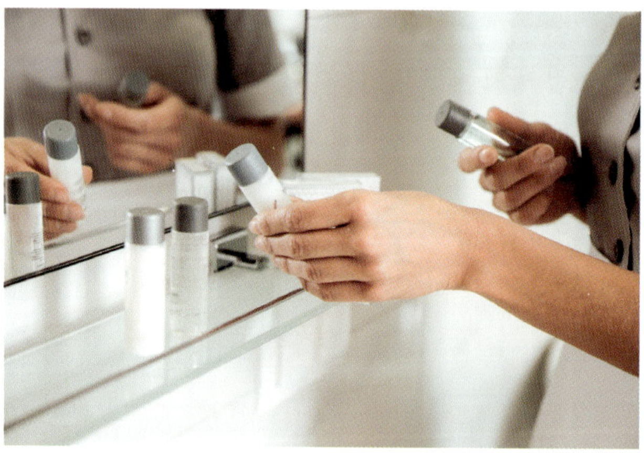

(2) 룸서비스

호텔에서의 룸서비스는 고객이 요청하는 음식이나 음료를 방으로 직접 가져다 주는 서비스인데, 이동하지 않고도 호텔 내 고급 음식을 맛볼 수 있다는 점에서 애용된다.

기본적으로 룸서비스는 호텔 내 레스토랑에서 같이 운영하기에 이용 가능한 시간을 꼭 확인해야 한다. 룸서비스로만 운영하는 메뉴가 따로 있을 수 있으니 이 또한 확인하는 것이 좋다. 룸서비스는 보통 주문 후 약 30분 후면 도착하고, 이때 가져다주는 직원에게 팁을 주는 것도 잊지 말아야 한다.

식사 후 식기는 단정하게 정리하여 냅킨으로 덮은 후 방문 앞 복도에 내놓는다.

룸서비스는 객실 내에서의 서비스로 간주하여 레스토랑에서의 서비스보다는 약 10~15% 정도 높은 가격이라는 것도 잊지 말자!

(3) 미니바

호텔의 등급에 따라 마련되는 미니바의 종류와 개수는 다양하다. 미니바를 사용한 경우에는 체크아웃 시 사용한 제품의 개수를 체크하여 계산하면 된다. 종종 미니바 제품에 스티커를 붙여 둔다거나 냉장고 내 센서가 있어서 조금만 움직이더라도 사용한 것으로 체크되는 경우가 있으니 항상 주의하여야 한다.

6) 부대 서비스

(1) 메이크업 서비스(Make up Service)

룸메이드가 사용하고 있는 객실을 청소해 주는 서비스이다. 라이트를 조절하는 패널 근처에 이 버튼이 있으며 외출 시 이 버튼을 누르면 외출하는 동안 객실을 청소 및 정리해 주고, 사용했던 물품들을 리필해 준다. 수고해 준 룸메이드를 위해 인당 $1 정도의 팁을 놓고 나간다.

만약 이런 서비스를 원하지 않는다면 Do not Disturb 푯말을 붙이거나, 패널에 이 버튼을 눌러 놓으면 룸 밖에서도 확인이 가능하다.

(2) 세탁물 서비스(Laundry Service)

호텔에 머무는 동안에 세탁부터 다림질까지 해 주는 서비스이다. 클로젯 내 제공되는 Laundry 비닐 봉투에 맡기는 의류 종류와 개수, 성명, 룸 넘버, 의뢰 일자 등을 적어 전달하면 다음 날 객실로 가져다준다. 시간이 촉박할 경우에는 원하는 시간을 미리 얘기하여 시간에 맞춰 수령할 수 있도록 한다.

(3) 웨이크업 서비스(Wake-up Service)

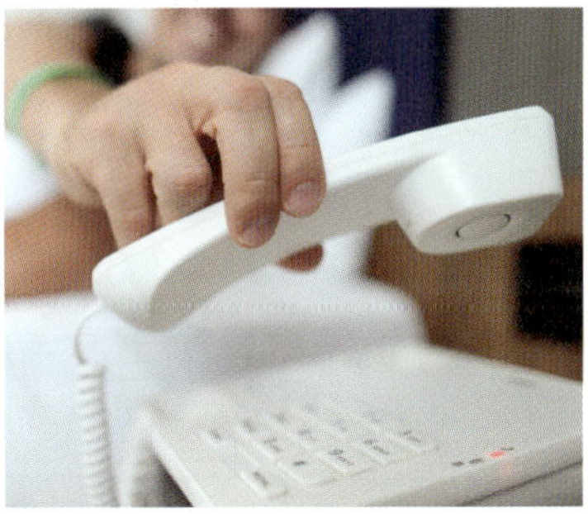

수면 후 일어나고 싶은 때가 있다면 웨이크업 서비스를 이용해 보자. 아침이 아니더라도 원하는 기상 시간을 프론트 데스크에 요청하면 시간 맞춰 알람 콜을 해 주는 서비스이다. 일반적으로 요청한 시간에 한 번, 5분 후 리마인드 콜(remind call)을 해 주는 경우도 있다.

(4) 컨시어지 서비스(Concierge Service)

호텔을 이용하는 고객들이 여행하는 데 도움이 될 수 있도록 도와주는 서비스이다. 교통, 식당, 호텔 근처 관광지 등에 대한 정보를 알려주는 역할뿐 아니라 해당 국가의 언어가 필요한 경우 직접 도와주기도 한다.

(5) 피트니스 센터, 수영장(실내/실외)

호텔을 머물며 피트니스 센터 및 수영장을 이용하는 고객들이 늘어나고 있다. 휴식을 취하면서도 자기관리에 진심인 사람들이 많아진다고 볼 수 있다. 이렇듯 장기간으로 이용하는 고객들보다는 단기간으로 이용하는 고객들의 수가 많기 때문에 기구를 사용한 후에는 땀을 닦아 제자리에 정리하는 것이 무엇보다 중요하다. 또한 이러한 시설을 사용할 때는 다른 이용객들에게 피해를 주지 않도록 조심하여야 한다. 함께 온 일행들과 큰 소리로 떠들거나, 많은 영역을 사용하여 다른 고객들이 사용할 수 없게 만드는 등의 피해를 주지 않도록 해야 한다.

4. 레스토랑

1) 예약

(1) 여행 시 방문하고자 하는 레스토랑이 있는 경우, 여행 일정을 고려하여 미리 예약을 한다. 예약 시에는 방문 시간, 인원수 등을 알려 준다. 만약 5분 이상 늦을 예정이라면 미리 전화를 하는 것도 좋다.

(2) 만약 여행 중 구입한 알코올 음료를 지참하고 싶다면 예약 시 코키지 가능 여부를 확인하는 것이 좋다. 이때에도 레스토랑 내에서 판매하고 있는 동일 와인을 가져가는 것은 실례이니 메뉴에서 확인하는 것이 바람직하다.

2) 복장

(1) 일반적인 레스토랑은 식사하기 편한 복장으로 방문하면 된다.

(2) 특별한 복장을 갖춰야 입장이 가능한 레스토랑일 경우에는 사전에 드레스 코드를 확인하고 이에 맞는 의상과 구두를 갖추는 것이 좋다.

3) 입장할 때

(1) 우리에게도 점점 보편화되고 있는 문화로, 레스토랑 입구를 들어섰을 때 빈 자리가 보인다 하더라도 안내자 혹은 책임자와 인사를 나눌 때까지 여유를 가지고 기다린다.

(2) 예약을 했을 경우라면 더더욱 예약 상황을 언급하고 상호 확인 후 테이블까지의 안내를 받으면 된다.

4) 오더할 때

(1) 우리나라에서는 음식을 시키고 마지막으로 음료를 주문하는 경우가 일반적이다. 하지만 일본을 포함한 서양 대부분의 나라에서는 테이블에 앉으면서 메뉴를 받음과 동시에 식전 음료를 먼저 주문하는 경우가 종종 있다.

(2) 또한 음료 주문을 먼저 받을 때 오늘의 스페셜 메뉴에 대해 설명하는 경우가 있으니, 주의하여 들어 보고 선택할 때 활용하면 된다.

(3) 메뉴를 계속 보면서 일행과 의견을 교환하는 것은 담당 서버에게 '아직 우리는 메뉴를 고르는 중이다.'라는 암시를 보내는 것과 같다. 만약 원하는 메뉴를 선택했다면 메뉴를 테이블 위에 올려 두고 담당 서버와 눈이 마주치면 된다.

5) small mistake

(1) 식전 빵이 맛있다 하여 수차례 리필을 하지 않는다.

(2) 신발을 벗거나 화장을 고치지 않는다.

(3) '한국사람은 밥심이다'를 외치며 즉석밥을 꺼내 음식과 함께하거나, 여행 중 사 둔 음식을 꺼내어 함께 먹는 등의 행위는 레스토랑 안의 모든 사람에게 곤란함을 줄 수 있다.

(4) 방문한 레스토랑의 음식이 기대이상으로 훌륭하였다 하여도 주방에 출입하여 직접 칭찬하는 것은 삼가야 한다. 이때는 담당 서버에게 감사함을 대신 전달하게 요청하는 것이 좋다.

(5) 나의 담당 서버는 내가 식사를 하는 동안은 나의 모든 행동에 주시하고 있다. 이를 불편하게 생각하기보다 내가 무엇을 필요로 하고 원하는지를 바로 알아채기 위함으로 이해하면 된다. 간혹 담당 서버와 눈이 마주칠 경우에는 가볍게 눈인사를 건네며 현재의 상태가 좋음을 전달하면 된다.

5. 문화공간

1) 공연 관람

(1) 공연장 가기 전

① 관람할 작품 정보 사전 체크

공연 관람 전 공연 내용에 대해 간단하게 알아 두면 공연 감상에 도움이 된다. 혹은 공연장에서 시간 여유를 가지고 도착하여 프로그램 북이나 팸플릿을 살펴보며 작품에 대한 정보를 얻는다.

② 공연 시간 확인

공연장마다 공연 시간이 다르다. 정확한 시간을 확인하여 공연 시간에 늦지 않도록 한다.

③ 관람 연령 확인

공연 내용에 따라 관람 연령 제한이 있다. 특히 어린이 동행 시 관람 연령을 미리 확인하는 것이 좋다.

④ 옷차림 예절 체크

간편하고 편안하게 공연에 몰입할 수 있는 복장이 좋다. 특히 바스락거리는 소리가 많이 나는 패딩이나 반짝이는 액세서리가 달린 디자인, 모자 착용, 아동용 불빛 운동화 등은 주변에 방해가 될 수 있으니 주의한다.

(2) 공연장에서

① 상호존중을 위한 공연장 이용수칙 준수

이용자와 근무자의 상호존중을 통해 보다 쾌적한 관람 환경을 조성하는 것이 중요하다. 공연장 근무자를 존중하며, 부적절한 요구를 해서는 안된다.

② 예매 시 지정된 좌석에 착석

비어 있는 좌석이라도 예매한 관객이 늦게 도착하는 것일 수도 있다. 본인의 좌석이 아닌 다른 자리에 임의로 옮겨 앉는 행동도 다른 관객들의 관람에 방해가 될 수 있으니 주의한다.

③ 공연장 이용 시간 준수

공연 시작 30분 전 도착하고, 공연 시작 10분 전에 입장한다. 늦게 도착하는 경우에는 정숙한 공연 관람을 위해 입장이 제한될 수도 있다. 공연이 시작된 후 공연장을 퇴장하는 경우 재입장이 불가하다.

④ 바른 자세로 관람

좌석에서 등을 떼거나 앞으로 숙인 상태로 관람 시 뒷좌석 관객의 시야를 방해할 수 있다. 반드시 좌석에 등을 붙이고 관람하는 것이 좋다.

⑤ 공연 중 휴대전화 사용 지양

공연 중 휴대전화 벨소리로 공연에 방해가 되는 경우가 인터넷 사이트에 심심치 않게 올라온다. 이러한 행위는 연주자뿐만 아니라 함께 관람하는 관객들에게 대단히 실례가 된다. 공연 중에는 작은 소리뿐만 아니라 작은 불빛도 크게 느껴질 수 있음을 명심하고, 공연 전 휴대전화의 전원을 반드시 확인해 주는 것이 바람직하다.

⑥ 공연장 내 취식 금지

객석으로 음식물을 가지고 입장할 수 없으니 가급적 공연 전 완료하는 것이 좋다. 불가할 경우 공연장 물품 보관소에 맡기는 방법도 있다.

⑦ 공연 관람 중 옆 사람과의 대화 지양

아무리 작은 대화 소리라도 연주자와 다른 관객들에게 피해가 될 수 있다. 특히 어린이와 함께 관람하는 경우 공연 중 작품 설명, 움직임 등에 더욱 주의가 필요하다.

⑧ 허가되지 않은 녹음, 녹화 불가

공연 장면뿐만 아니라 무대 장치까지 모두 저작권 보호 대상임을 인지하고, 공연장 내에서의 셀카 촬영도 지양한다.

상식

박수는 언제 치면 좋을까?

- 연주자와 지휘자가 입장할 때
- 마지막 악장이 끝난 후
- 지휘자가 지휘봉을 완전히 내린 후
- 출연자의 인사가 있을 때

2) 전시 관람

(1) 전시 관람 사전 체크

관람할 전시는 미리 예매하고, 관련 전시의 내용, 작가에 대하여 사전 지식을 확인한다.

(2) 반입 금지 물건 체크

관람 시 타 관람자의 관람에 지장을 줄 수 있는 음식물, 꽃다발, 장우산 등을 들고 입장할 수 없으며, 이러한 물품을 포함하여 큰 가방이나 배낭 등은 입장 전 물품 보관소에 맡겨 놓는다. 또한 반려동물의 입장도 제한된다.

(3) 관람 에티켓

작품보호를 위하여 전시작품은 만지지 말고 눈과 귀로만 감상한다. 다른 관람객들에게 불쾌감을 주지 않도록 핸드폰은 진동 모드로 설정하고, 급한 통화는 전시장 밖에서 하는 것이 바람직하다. 전시장 안에서는 뛰거나 구두굽 소리가 나지 않도록 주의하고, 특히 어린이들이 큰 소리로 떠들거나 뛰지 않도록 각별한 주의를 해야 한다. 또한 사진 촬영이 허용되는 작품에 한하여 촬영한다.

(4) 도슨트 관람

도슨트의 설명과 함께 관람하면 작품 이해에 도움을 준다. 도슨트 관람 일정표를 참고하여 이용하면 좋다. 종종 유명 도슨트의 설명을 듣기 위하여 주변의 타 관람객들을 방해하는 경우가 발생하니 관람 시 주의하기 바란다.

참고문헌

강선아, 홍지숙, 김애경(2021). 서비스 커뮤니케이션. 경기: 백산출판사.

김성수(2018). 문화의 다양성 형성과 다섯 용어에 대한 검토: 혼종문화, 다문화, 상호문화, 크로스 문화, 트랜스 문화, 글로컬 창의 문화 연구, 7(1), 5-21.

김수인, 김윤숙, 정영미(2022). 글로벌매너와 이미지 메이킹. 경기: 양성원.

김영식(2023). 비즈니스 매너와 글로벌 에티켓. 서울: 새로미.

김은정, 문시정(2023). 올 댓 매너(All That Manner)(개정4판). 경기: 백산출판사.

김주완(2008). 인성과 가치관의 상호 연관성. 대한철학회, 105, 127-147.

김지아, 유정아, 박혜정(2015). GLOBAL MANNER 5W1H. 서울: 지식인.

김지연, 박진주, 최효정(2022). 이미지 브랜딩 이미지메이킹과 브랜딩 전략. 경기: 백산출판사.

김혜영, 정봉희(2019). 글로벌비즈니스 매너와 에티켓. 서울: 한올출판사.

문희정, 김민경, 정보라(2021). 객실승무원의 이미지메이킹. 경기: 양성원.

박소연 외(2022). 커뮤미케이션 예절. 서울: 새로미.

박영실(2024. 06. 13.). 글로벌 비즈니스 매너가 중요한 이유. 한경닷컴 더 라이프이스트.

서여주(2023). 365 Global manners(4판). 경기: 백산출판사.

서현경, 김경화, 박군자(2023). 인성과 예절. 경기: 양성원.

심윤정, 고샛별(2021). 이미지 UP 글로벌 매너와 에티켓. 경기: 양성원.

심윤정, 고샛별, 최욱희, 이수명(2016). 서비스 마인드와 글로벌 매너. 경기: 양성원.

오정주, 권인아(2023). 성공적인 취업과 직장예절의 열쇠 비즈니스 매너와 글로벌 에티켓(3판). 서울: 한올출판사.

윤세남 외(2020). SMAT 서비스 경영자격. 서울: 박문사.

이종호(2023). 글로벌 에티켓과 매너. 서울: 새로미.

이지연(2024). 서비스 커뮤니케이션. 경기: 백산출판사.

이현동, 김병보(2010). 여행항공실무. 서울: 한올출판사.

장순자(2014). 서비스 매너. 경기: 백산출판사.

지희진(2016). 글로벌 매너와 이미지 스타일링. 서울: 한올출판사.

최지현, 최세영(2023). 프레젠테이션 & 글로벌 매너와 이미지 메이킹(2판). 서울: 한올출판사.

한수정, 우소연(2022). 글로벌 비즈니스 매너와 커뮤니케이션(2판). 경기: 백산출판사.
나무위키
네이버 지식백과
웹사이트
위키백과
인터넷
표준국어대사전
외교부 https://www.mofa.go.kr/www/index.do
예술의전당 홈페이지 https://www.sac.or.kr/site/main/home
항공보안365 https://www.avsec365.or.kr/avsc/mainMobile.do
지표서비스e-나라지표
https://www.index.go.kr/unity/potal/main/EachDtlPageDetail.do?idx_cd=1258
대한항공 홈페이지 https://www.koreanair.com/
아시아나항공 홈페이지 https://flyasiana.com/
www.hansik.or.kr
www.lampcook.com 〉food_story
www.mobiinside.co.kr
www.job.kosaf.go.kr
https://blog.naver.com/dreamart0829/221060917074
https://blog.naver.com/xxupgm89/223490168975
https://blog.naver.com/oznation/223727545328
https://blog.naver.com/80sunjin/223738428679
https://eventsmoa.com/2024/12/15
https://www.korea.kr/news/policyNewsView.do?newsId=148929996
https://blog.naver.com/madongeee/223109815984
https://www.searchpia.com/2024/12/blog-post_19.html#google_vignette
https://blog.naver.com/real3house/223631013427
https://blog.naver.com/ullidulli/221342726464
https://bizcardai.com/2024/09/19
https://www.moduba.com/air-travel-etiquette-guide-2024/
https://brunch.co.kr/@skyscanner/181
https://www.gqkorea.co.kr/2019/09/23/

https://blog.naver.com/gokams_kopis/221177842161

https://blog.naver.com/ensemble_or/223139318796

https://terms.naver.com/entry.naver?docId=1048687&cid=42813&categoryId=42813

https://blog.naver.com/honeyjenny4u/223457649405

https://blog.naver.com/smyolo/223310312937

https://blog.naver.com/tkfkdgksmsvk/223693575725

https://blog.naver.com/lulim/223528039916

https://blog.naver.com/hyojinc99/222787154656

https://www.nosmokeguide.go.kr/lay2/bbs/S1T33C36/H/21/view.do?article_seq=832064

https://blog.naver.com/unity_miracle/223728525290

https://lucky-jh.com/113

https://www.korea.kr/news/healthView.do?newsId=148698923

https://blog.naver.com/wonchun_drive/223716082370

https://brunch.co.kr/@dailynews/1963

https://www.ccdailynews.com/news/articleView.html?idxno=2017716

https://www.kbmaeil.com/news/articleView.html?idxno=332971

https://www.hankyung.com/article/2024022180707

https://www.sedaily.com/NewsView/1VGORR3AWA

https://atlantak.com/

https://www.etnews.com/20250128000072

https://www.segye.com/newsView/20250109500310?OutUrl=naver

https://www.yna.co.kr/view/AKR20241204067000518?input=1195m

https://www.donga.com/news/article/all/20220201/111526443/1

https://www.kyongbuk.co.kr/news/articleView.html?idxno=2029402

찾아보기

저 / 자 / 소 / 개

■ **홍윤희**

경기대학교 서비스경영대학원 경영학 박사
현) 수원과학대학교 항공관광과 교수

■ **강연경**

서강대학교 경영대학원 서비스매니지먼트학과 박사 과정
현) 수원과학대학교 항공관광과 겸임교수

■ **박미란**

한국교통대학교 경영학 박사수료
현) 수원과학대학교 항공관광과 초빙교수

품격을 높이는
글로벌 매너

1판 1쇄 인쇄 — 2025년 3월 26일
1판 1쇄 발행 — 2025년 3월 31일

저　　자 - 홍윤희 강연경 박미란
발 행 인 - 강철원
발 행 처 - 양성원
주　　소 - 경기도 파주시 검산로 173번길 29-12
전　　화 - 031-946-3861(代)
팩　　스 - 031-946-3864
이 메 일 - tnwpub@naver.com
홈페이지 - tnwpub.co.kr
출판등록 - 2015년 8월 31일 제 2015-000211 호

ISBN 979-11-6126-623-7

정가 23,000원